El cuidado del bebé y mucho más...

El cuidado del bebé y mucho más...

Título original: *Babypflege und mehr...*
Redacción de texto: Karin Schutt
Traducción: Pilar del Árbol
Diseño de cubierta: Estudio Idee
Fotografía de cubierta: Superstock
Diseño de maqueta: Imma Pla
Fotografías de interior: Paxmann/Teutsch Buchprojekte, Age Fotostock, Album/Tres Unces,
Camera Press, CD Gallery, Index, Stock Photos, Superstock y Tony Stone
Maquetación: Pacmer, S.A.

Ref.: LPP-2 / ISBN: 84-7901-453-9
Depósito legal: NA-2.515-99
Impreso y encuadernado por: Gráficas Estella, Navarra

Karin Schutt

El cuidado del bebé
y mucho más...

RBA 👁 práctica

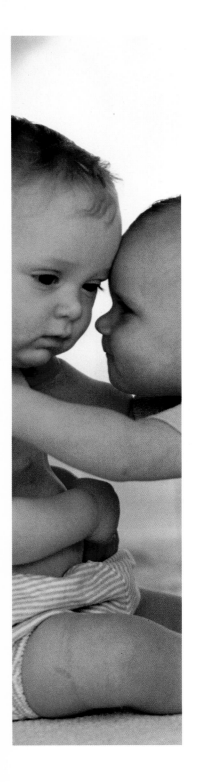

Índice

¡Queridos padres!

Mi sincera enhorabuena por el nacimiento de su hijo. Otro pequeño ciudadano del mundo, que ojalá se vea colmado de felicidad.

Sobre todo si son padres por primera vez, necesitarán enterarse de cuáles son las normas más acertadas para el mejor cuidado del bebé. El miedo a cometer errores es siempre mayor cuando se trata del primer hijo.

Es posible que ya hayan recibido, de enfermeras o comadronas, algunas clases en el cursillo preparatorio para el parto impartido en la clínica. Pero, aunque en teoría lo sepan casi todo, puede ser que, sin una ayuda práctica, se sientan algo inseguros en la vida cotidiana. Suele ser durante la convivencia diaria con el niño cuando surge la mayoría de los interrogantes. Además, con seguridad su bebé tiene necesidades individuales a las cuales rara vez podrán aplicarse reglas fijas.

Como soy madre de una hija pequeña, me gustaría contribuir con este libro de consulta a que su niño se desarrolle sano y fuerte en su primer año de vida y llegue a ser un feliz miembro de la familia. En lo que a mis muchos consejos y sugerencias prácticas sobre higiene y cuidado de la piel se refiere, son ustedes naturalmente quienes tienen la última palabra y quienes deben decidir qué es lo mejor para su hijo. Qué cuidados necesita, qué productos de higiene son adecuados y cuáles superfluos. Aparte de eso podrán leer en este libro todo lo que conviene saber acerca de baños, y hasta corte de uñas o posibles problemas cutáneos.

Pero también hablaré de cuestiones importantes acerca del sueño y la vigilia, de cómo coger y llevar a su hijo en brazos y algunas indicaciones más sobre masajes, gimnasia y juguetes.

Cuidar de ese pequeño cuerpo significa también satisfacer sus necesidades de apego y cariño. Porque el cuidado, en su más amplio sentido, implica tanto el bienestar físico como el psíquico. De forma que, en la rutina diaria, no deben olvidar sus sentimientos y su intuición. Caricias, besos, abrazos y la atención afectuosa son los «productos para el cuidado del niño» que permitirán a su hijo disfrutar del ritual que supone el cuidado diario, aprender a aceptarse a sí mismo y a su cuerpo, y lograr una imagen positiva de sí mismo, condición esencial para el desarrollo físico, emocional y mental en las siguientes etapas evolutivas. ¿Qué más podrían querer para su hijo?

Karin Schutt

Bienestar físico y psíquico

Bienestar físico y psíquico

El cuidado del bebé antes y ahora

El tema del cuidado del bebé ha experimentado grandes cambios a lo largo de la historia. Una ojeada a las obras fundamentales de antaño, que tratan del cuidado de lactantes, deja claro que las medidas de higiene y limpieza eran las tareas primordiales en aquel tiempo. El concepto de cuidado se refería entonces, ante todo, a la higiene minuciosa del pequeño cuerpo. Rígidas normas de higiene y el aprendizaje de las manipulaciones necesarias para ponerlas en práctica eran el principal mandamiento. Las necesidades de apego y cariño que el niño pudiera tener quedaban relegadas a un segundo plano, tras el aseo escrupuloso.

Lo que hoy se entiende por cuidado del bebé implica bastante más que la simple higiene. Sin duda hay que lavar al niño, cambiarle los pañales y cuidar su cuerpo con regularidad. Pero lo primordial deben ser las necesidades del niño y no el hecho de cumplir un estricto programa higiénico.

Por ejemplo: usted ha aprendido en la clínica que hay que amamantar al bebé cada dos o tres horas y que antes tiene que cambiarle el pañal. Sin embargo, una vez en casa, se da cuenta de que su pequeño duerme a veces cuatro horas seguidas, al cabo de las cuales se despierta y empieza a llorar reclamando su toma. ¿Tiene entonces que seguir el ritual de aseo –que sólo podrá llevar a cabo entre lloros– antes de la comida o será mejor que el pañal limpio espere? En este caso conviene atenerse a los deseos del niño y lavarlo y cambiarlo después de que haya comido y eructado. Tal vez la siguiente ocasión pueda ser la contraria. Su hijo está despierto y usted sabe que pronto volverá a tener hambre. Esta vez vuelve a asearlo antes de darle el pecho o el biberón. Así pues, cuando se trata del cuidado del niño, siempre debe haber excepciones de la regla para que ni usted ni su hijo se pongan nerviosos.

Cuando tenga a ese diminuto bebé por primera vez en sus brazos, seguramente se sentirá muy conmovida. El afán de cuidar, proteger y amar al recién nacido son sentimientos que todos los padres –primerizos o no– experimentan por instinto. En esos sentimientos profundos se basa cuanto usted haga por el bienestar de ese pequeño ser tan desvalido. No sólo requiere atención especial y cuidado intensivo diarios. Para su supervivencia es imprescindible también un contacto físico lleno de ternura y mucho cariño. De modo que no se preocupe si al principio no domina a la perfección la técnica de todas las tareas. El cariño y el apego de los padres son mucho más importantes que saber de manera ejemplar cómo y en qué orden deben hacerse las cosas. Su hijo no le tomará a mal los pequeños fallos si puede sentir su amor, escuchar su voz, estar cerca.

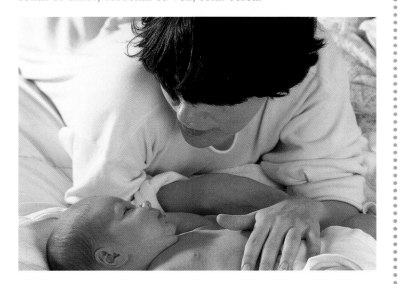

EL CARIÑO DE LOS PADRES es mucho más importante que la pericia técnica.

En cuanto tenga más práctica en el trato con su hijo, cuidarle, lavarle y ponerle crema puede ser una experiencia sumamente sensual para los dos. Mientras usted expresa su amor como madre con infinidad de pequeños gustos, su hijo disfrutará del suave contacto de sus manos cuando le toca, le acaricia y le masajea el cuerpo desnudo. De esta forma, el bebé puede experimentar la rutina diaria del aseo como el momento de recibir caricias y cuidados amorosos.

Cuidado y bienestar

Tanto como darle de comer y beber, el aseo corporal diario –cambiar los pañales, lavar, bañar, poner crema– es una de las ceremonias más importantes en la vida cotidiana de la familia. Tomarse el tiempo necesario y estar atenta a los deseos del niño son dos factores muy importantes que se deben tener en cuenta al desempeñar quehaceres rutinarios. Lo cual no quiere decir que

tenga que pasar horas enteras aseando al niño para que se sienta completamente a gusto. Lo que importa a su hijo es el ambiente que, en general, predomina cuando se llevan a cabo estas tareas cotidianas. Sus delicados sentidos captan cualquier contacto afectuoso, cualquier mirada de cariño, cualquier palabra amorosa. Y cada vez la conoce mejor.

Numerosas investigaciones han demostrado hasta qué punto son importantes las expresiones de cariño para el desarrollo físico y psíquico del pequeño. Hace cincuenta años, el psicólogo evolutivo René Spitz demostró –en su famoso estudio con niños expósitos– que el contacto corporal y las caricias frecuentes favorecen el crecimiento físico, emocional y mental de los niños pequeños. Los bebés que recibieron atención y contacto físico sólo en la medida imprescindible mostraron, por el contrario, graves retrasos en el desarrollo y trastornos de comportamiento.

Se sabe que, junto con la vista, el olfato, el oído y el gusto, el sentido del tacto –también llamado «madre de los sentidos»– juega un papel muy importante en la percepción de las pruebas cotidianas de cariño: el lactante experimenta las primeras impresiones de su entorno a través de la piel.

La piel y el cerebro

EL BEBÉ PERCIBE sensaciones intensas a través de la piel.

La piel está directamente conectada con nuestra principal central de mando: bajo la piel se encuentran las papilas táctiles que, a su vez, están provistas de células nerviosas muy sensibles. Sobre todo en la palma de la mano y en la planta de los pies hay gran cantidad de estos «sensores de contacto». En caso de contacto o presión sobre la piel, estas papilas generan un impulso eléctrico que se transmite al cerebro en fracciones de segundo a través de las vías nerviosas. El cerebro registra el contacto, su intensidad y el lugar en el cuerpo de donde parte el impulso.

En el sistema nervioso central (cerebro y médula espinal) se elaboran todos los estímulos recibidos y se los provee de la reacción adecuada (por ejemplo: «¡me acarician, me siento bien y yo también acaricio!»). Mas las conexiones nerviosas necesarias aún tienen que acabar de formarse y desarrollarse; un proceso que tiene lugar principalmente durante los tres primeros años de vida. Cada vez que el niño perciba su presencia y sus caricias vivirá intensos momentos de felicidad ya que, en esas ocasiones, el cerebro dispone la segregación de una sustancia endógena llamada «endorfina». Ésta tiene un efecto estimulante y aumenta la sensación de bienestar, de forma que su bebé se sentirá particularmente a gusto y feliz siempre que lo abrace y acaricie.

Estudios recientes confirman que el desarrollo del niño no depende solamente de factores hereditarios sino también del comportamiento de la persona o personas que lo cuidan, así como de los impulsos y estímulos sensoriales de su entorno.

Por regla general, en los tres primeros años de vida, cuando el pequeño cerebro todavía tiene que terminar de formarse y está «abierto a todo», el contacto físico juega un papel elemental en el desarrollo de la inteligencia emocional y mental.

Los niños que crecen con la seguridad de ser queridos, de que se los considera únicos e insustituibles, que se desarrollan en un entorno emocionalmente estable, son los que más tarde podrán amar, comunicarse y compartir sentimientos. Y con esta base es también más fácil aprender.

EL CONTACTO FÍSICO es fundamental en el desarrollo emocional y mental del bebé.

Aceptar el propio cuerpo

El niño percibe todas las impresiones sensoriales a través de su cuerpo. Por esta razón es sumamente importante que vaya, paso a paso, conociéndolo y aceptándolo. Un sentimiento positivo en torno al propio cuerpo es condición imprescindible durante las fases evolutivas del pequeño, tanto en el plano fisiológico como en el emocional y mental.

El aseo del bebé significa, ante todo, cubrir sus necesidades. La flexibilidad, el tiempo y la dedicación amorosa son tan importantes como el esmero en las tareas cotidianas del aseo. La forma en que acaricie al niño, lo coja, lo sujete y lo lleve de un lado a otro será para él una fuente de información. Si no se hace del aseo diario un molesto quehacer rutinario, que hay que acabar cuanto antes, su hijo disfrutará de ese rato, se alegrará cuando la vea venir y desarrollará positivamente la percepción corporal y la autoconfianza.

El aseo natural

El aseo natural

¿Hasta qué punto necesita higiene su bebé?

Seguramente habrá notado que en la maternidad se toman muy en serio las medidas de higiene. La enfermera se lava y desinfecta las manos antes de tocar a un niño. Es una precaución muy importante dado el alto riesgo de contagio que existe en los hospitales. Muchos padres piensan que, una vez en casa, tienen que seguir reglas de higiene muy estrictas para evitar la presencia de gérmenes. O creen necesario el uso de desinfectantes, además de los productos de aseo habituales, para que la vivienda esté igualmente libre de gérmenes. Sin embargo, una higiene tan exagerada, no sólo impide el contacto corporal espontáneo con el niño, además implica que su sistema inmunológico no tenga posibilidad de adaptarse de modo conveniente a los gérmenes y agentes patógenos que hay en toda vivienda, por muy limpia que esté. Por eso, para proteger al lactante, basta con lavarse las manos y limpiar la casa como de costumbre.

- Toda la casa debe estar siempre bien ventilada. El aire estancado o demasiado caliente es propicio para el desarrollo de gérmenes y bacterias.
- Los paseos frecuentes al aire libre fortalecen las defensas del pequeño.

LOS BEBÉS NO SON TAN indefensos como creemos: lavarse las manos es una medida higiénica suficiente.

- No permita que los animales domésticos se acerquen al lactante; pueden ser portadores de numerosos gérmenes patógenos.
- A familiares o amigos que tengan alguna enfermedad contagiosa debe rogárseles que vuelvan otro día.
- Si usted está acatarrada y su bebé tiene menos de seis meses, ha de evitar las caricias intensas durante los primeros días de la enfermedad (¡el padre y los abuelos pueden sustituirla!). Además, debe enjuagarse la garganta varias veces al día con algún producto desinfectante y lavarse bien las manos con jabón antes de coger al niño en brazos.
- No es necesario el uso de productos químicos para desinfectar los biberones y tetinas. Para esterilizarlos basta con hervirlos o limpiarlos al vapor.
- Tampoco se tienen que utilizar productos desinfectantes para la limpieza doméstica; a menudo contienen sustancias que pueden provocar alergias.

Cómo facilitar la higiene diaria

En lo que al aseo corporal se refiere, es preciso saber que los recién nacidos no se ensucian tanto como los niños más crecidos. A los mayorcitos, que están en la calle a menudo, juegan con tierra o gatean por toda la casa, hay que bañarlos más veces. Para el aseo diario del bebé es suficiente «lavarlos como a los gatos», ya que la piel de los niños pequeños es mucho más fina que la de los adultos. Las capas superficiales de la piel, encargadas de proteger las capas subcutáneas, no están completamente formadas y son más permeables. Los baños asiduos con jabón o productos espumantes resultan muy agresivos para la delicada piel del bebé. La capa natural de grasa que protege la epidermis es prácticamente arrasada por las sustancias activas de los jabones, que secan, agrietan y producen escozor.

Pero los baños tienen también sus ventajas, siempre y cuando se utilice solamente agua clara o productos muy suaves. Es el medio ideal para relajar a los bebés cuando están inquietos y a la mayoría de ellos le encanta estar, si se siente seguro, dentro del agua caliente. Si su hijo es de los que disfrutan con el baño, puede usted bañarlo siempre que tenga tiempo y ganas. Lo único que debe tener en cuenta es no dejarlo mucho tiempo (de cinco a ocho minutos) dentro del agua caliente. Si, por el contrario, no le gus-

EN EL ASEO DIARIO, hay que tener en cuenta las necesidades del bebé a cada edad.

LOS UTENSILIOS MÁS importantes de aseo: bañera de plástico, toallitas o manoplas desechables, bolitas o discos de algodón, pañuelos de papel, aceite, crema y loción para bebés.

ta demasiado el agua y chilla cuando lo mete en ella, entreténgalo con juguetes para que aprenda a disfrutar del baño.

Recomendaciones

1. Empiece siempre por la cara; no hay que lavar todas las veces los ojos, los oídos ni la nariz. Si es necesario, limpie los ojos con un algodón húmedo y de fuera hacia adentro. Utilice un trozo de algodón para cada ojo. La nariz se limpia sola (salvo que esté resfriado) y los oídos también. No debe limpiar nunca los oídos con bastoncillos de algodón porque el peligro de dañarlos es grande. Use, si acaso, la punta de un pañuelo de papel para limpiar con suavidad la oreja.

2. Humedezca después la manopla en agua y lave con cuidado la cara, el cuello y, por último, las manos. Con un pañuelo de papel seque la piel con suavidad, sin frotarla.

3. Lave por último los genitales y el culito; si el niño se ha hecho caca, limpie primero con un extremo del pañal o con un pañuelo de papel. Después, con una manopla húmeda, se limpian los genitales y el culito teniendo en cuenta que, si es niña, hay que limpiar siempre la vagina en dirección al ano; con los niños hay que tener cuidado de no echar hacia atrás el prepucio porque todavía lo tiene pegado. Si está fuera de casa y no tiene agua caliente a mano para lavar al niño, será suficiente limpiarlo con las toallitas húmedas desechables.

LA TEMPERATURA DEL LUGAR donde se lava al bebé debe ser la adecuada, 24 grados al menos.

Si en lugar de bañar al niño lo quiere lavar bien, desnúdelo primero de cintura para arriba y lave su pecho y su espalda. Después de secarlo sin frotar, póngale una camiseta limpia previamente calentada. A continuación quítele los pantaloncitos y el pañal, y lávele la parte de abajo.

Siempre que le sea posible, una vez lavado, debe dejar que el niño patalee un ratito libremente, antes de ponerle el pañal. Los bebés disfrutan cuando no se los vuelve a tapar enseguida y se toma tiempo para intercambiar caricias y hacer un poco de gimnasia con él.

■ Para niños de menos de tres meses no tiene que utilizarse ningún tipo de jabón, sólo agua clara. Si hay costras en la piel, es suficiente una loción adecuada o aceite para bebés.

- Durante el aseo ponga especial cuidado en los pliegues de la piel; es ahí donde se pueden acumular restos de cremas y suciedad. Igual de importante es secarlos bien.
- Es imprescindible que el lugar donde lave o bañe al niño esté suficientemente caldeado; el pequeño organismo no puede reaccionar ante los cambios bruscos de temperatura como hace el de los adultos. Un calefactor puede ser muy útil, sobre todo si el bebé es muy pequeño. En la habitación debe haber una temperatura de 24 °C por lo menos.

El placer del baño

Bañar al niño las primeras veces le causará quizás ansiedad porque tendrá usted miedo de que se le caiga al agua. En ese caso, debe mirar los movimientos y posiciones de la mano que se muestran a continuación y practicarlos un par de veces con su bebé antes de darle el primer baño. Porque, si usted se siente insegura, transmitirá al niño su inseguridad y no estará a gusto. Con el tiempo irá adquiriendo más soltura en esta ceremonia del baño. De este modo contribuirá a que su hijo lo disfrute y, por tanto, se relaje.

IZQUIERDA.
Sujete al bebé con las dos manos y métalo con cuidado en el agua bien templada.

DERECHA.
Para lavarlo, rodee firmemente la axila y el hombro del bebé.

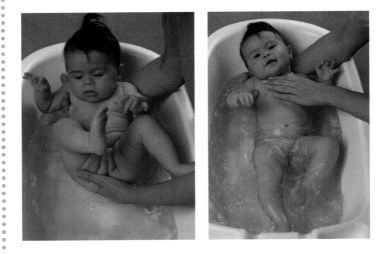

1. Rodee con una mano el hombro del bebé. El pulgar descansa sobre la articulación del hombro, la palma de la mano sujeta la espalda, se apoya la cabecita sobre la muñeca y el antebrazo. Con la otra mano rodee el culito del niño.

2. Levante al bebé sobre la bañera y deje que toque el agua primero con los pies, antes de meter gradualmente todo el cuerpo en el agua.
3. Balancee un poco al niño y mírele a los ojos. Sonríale y dígale palabras tranquilizadoras. A través de los ojos y de la voz el niño nota que la posición y la forma desacostumbrada de cogerlo no entrañan ningún peligro.

Para lavarlo utilice su propia mano derecha o una toallita desechable, y sujételo bien con la izquierda. Las esponjas, a pesar de su suavidad, no sirven para lavar al recién nacido porque en ellas se acumulan las bacterias. Una vez haya lavado todo el cuerpo empezando desde arriba –cara, parte superior y parte inferior–, lave por último la cabeza empleando una gota de champú infantil. Después de lavarle la cabeza, se acabó la diversión; saque al niño despacio del agua sujetando de nuevo el culito con la mano derecha. Envuélvalo en la toalla con capucha calentita y séquelo con cuidado, sin frotar.

SI ES USTED ZURDA PUEDE, por supuesto, utilizar la mano derecha para sujetar al niño. Busque la mejor postura para los dos practicando «en seco».

Las principales reglas para el baño

- No bañe al niño inmediatamente después de la comida. La presión del agua sobre el estómago lleno puede causarle malestar. Pero tampoco debe bañarlo con el estómago vacío, ya que la sensación de hambre puede echar a perder la diversión. El momento ideal es, pues, entre dos tomas.
- La temperatura del agua tiene que ser la adecuada: de 36 a 37 °C es la ideal. Tendrá que comprobarla con un termómetro (temperatura ambiente 24 °C).
- La bañera debe estar lo suficientemente llena de agua como para cubrir los hombros del bebé durante el baño, de forma que no sienta frío.
- Si la primera vez que quiere bañarlo el recién nacido se encuentra incómodo y empieza a llorar, no lo fuerce. Seguramente en la próxima ocasión lo aceptará mejor.
- Cuando, más tarde, el pequeño se bañe en la bañera grande, será imprescindible poner una alfombrilla antideslizante para que no se resbale. La profundidad del agua no tiene que sobrepasar los diez o quince centímetros. Y, aunque el niño sea más grande, ¡no lo deje nunca solo –ni un segundo– en la bañera!

Cuando su bebé tenga más experiencia con el baño y vea que le gusta, para variar, puede ponerlo boca abajo:

1. Rodee el pecho del niño con la mano. El pulgar queda otra vez en la articulación del hombro y la cabecita apoyada en la mano.

A ALGUNOS BEBÉS LES GUSTA estar boca abajo en la bañera e intentan ya sostenerse con los brazos.

2. Ponga su mano derecha primero debajo de la barriguita, después retírela y utilícela para lavarlo. No es necesario que le dé vueltas en la bañera. Con el tiempo será el niño quien decida la posición que más le gusta.

A MEDIDA QUE SE HAGA mayor, el bebé decidirá qué posiciones le gustan más.

Para los padres que se ponen nerviosos cuando tienen que bañar al niño porque temen que se les resbale, hay un asiento de baño especial en el cual el bebé puede estar seguro dentro del agua.

En cuanto su hijo pueda quedarse sentado (a partir del octavo mes, más o menos), sólo necesitará que lo vigile, que sea compañero de juegos y lo lave. Con muchos juguetes, con mamá o papá dentro de la bañera se sentirá estupendamente en el agua caliente. Sobre todo para los niños mayorcitos es importante pasar mucho tiempo jugando y chapoteando en el agua.

Para muchos niños la diversión acaba a la hora de lavarles la cabeza. En cuanto les cae un poco de agua en la cara les da miedo y empiezan a chillar. Para evitarlo, quíteles la espuma de la cabeza pasándole una manopla de delante hacia atrás. Este método, sin embargo, no sirve si tiene el pelo largo. En ese caso, a veces surte efecto tapar los ojos con la manopla y echar la cabeza para atrás.

NUNCA LE LAVE LA CABEZA a la fuerza. En cuanto empiece a llorar y a patalear, déjelo. Si no se toma en serio el miedo del niño, la próxima vez se resistirá a meterse en la bañera. Y lo que queremos es que disfrute con el baño.

Productos naturales para el baño

Los bebés no necesitan ningún producto adicional para el baño pero, en caso de que tengan la piel muy seca, se puede hacer una excepción. Junto a las cremas y aceites de baño que se venden en los comercios, hay otros que puede preparar usted misma.

El aceite de almendras dulces (se vende en farmacias) mezclado con leche o nata es un remedio fácil de elaborar. Cuide y protege la piel del bebé de forma natural: en un recipiente pequeño mezcle una cucharada de aceite de almendras y una cucharada de leche o nata; remueva bien y eche el preparado en la bañera antes de llenarla de agua caliente.

Si quiere dar a su bebé el gusto de un baño relajante, puede utilizar manzanilla o espliego. Estas dos hierbas tienen efectos relajantes para el cuerpo y la mente y, además, protegen la piel del pequeño.

Ponga una cucharada sopera de hierbas en una taza de agua hirviendo. Tape la taza y deje reposar la infusión diez minutos por lo menos. Añada después la infusión al agua de baño.

¿Qué cuidados necesita la piel?

La piel infantil, literalmente suave como el melocotón, invita a tocarla, besarla y acariciarla. Y, para que siga así durante mucho tiempo, debe usted atenerse al lema de «menos puede ser más». De modo que no tiene por qué comprar ni utilizar la inmensa gama que los fabricantes de productos para el bebé ofrecen hoy: cremas para la cara, lociones corporales, toallitas impregnadas de jabón o de aceite, polvos para el cuerpo, productos para el baño, cremas protectoras, jabones y champús infantiles. La oferta parece ser interminable.

Por supuesto, algunos de esos productos son buenos y necesarios, pero muchos son superfluos o pueden ser sustituidos fácilmente por otros naturales de fabricación casera.

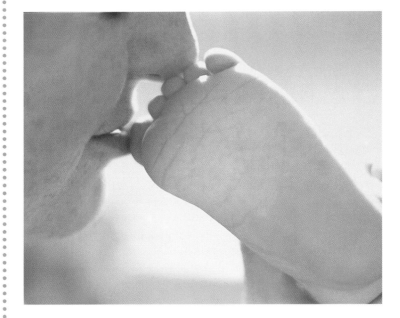

LA PIEL DEL CUERPO HUMANO es un órgano extenso con muchas y variadas funciones.

La piel, el multitalento

Tanto si se trata de la piel del bebé como de los adultos, ningún otro órgano humano es tan extenso ni tiene tantas y tan variadas funciones y facultades como la piel. La dermis se ocupa de una parte importante de la respiración y del metabolismo; es uno de los órganos principales para la estimulación de nuestro sistema inmunológico. Regula el frío y el calor, encargándose de mantener el equilibrio térmico. Protege al organismo contra agresiones externas y mantiene en su sitio los órganos internos.

La piel también se entiende como órgano de separación entre el interior y el exterior. Al mismo tiempo es el órgano de contacto a través del cual percibimos y transmitimos señales y estímulos. Y, finalmente, es un órgano sensorial con gran sensibilidad táctil y muy receptivo a los sentimientos.

Esta envoltura fisiológica es todavía muy sensible –sobre todo en los primeros seis meses– y se reseca con facilidad. El remedio en este caso puede ser un producto natural para el baño, como aceite de almendras dulces mezclado con leche o nata, o bien untar el cuerpecito con una loción corporal suave comprada o hecha en casa.

Aprenda a elaborar el aceite corporal para el bebé. Mezcle una gota de esencia de rosas, una gota de esencia de madera de rosal y 30 ml de aceite de jojoba; agítelo bien y guárdelo en un frasco oscuro. Los aceites esenciales de rosas y madera de rosal tienen un efecto altamente nutritivo y suavizante para la piel, igual que el aceite balsámico de jojoba.

CUANDO LE APLIQUE CREMA contra las escoceduras, no le ponga demasiada. Una capa gruesa impide que pase el aire y causará irritación en la piel.

Cuidar bien la piel del bebé

Para hacer de forma adecuada todo lo que tiene que ver con el cuidado de la piel, debe tener en cuenta los siguientes puntos:

- La orina y las heces del recién nacido, sobre todo si le está dando el pecho, son sustancias relativamente inocuas. Así que no tiene que sacarlo del mejor de los sueños porque haya hecho sus necesidades, y podría irritársele la piel.
- A muchos bebés se les suele irritar la piel durante los primeros seis meses. Puede escamarse, pelarse en algunos sitios o formar pequeñas pústulas. Por lo general, estas reacciones son inofensivas y tienen que ver con el acoplamiento del me-

tabolismo. Desaparecen en cuanto se regula el equilibrio del organismo.

■ Mientras su pequeño lleve pañales, debe usted cuidar especialmente la piel del culito y de los genitales. Precisamente en estas zonas es donde más peligro de escoceduras hay. Después de quitar el pañal sucio, limpie bien con agua limpia y tibia de delante hacia atrás, o sea, primero la zona genital y después la anal. Esto es especialmente importante en las niñas para evitar que se introduzcan bacterias fecales en la vagina.

■ Tras lavarlo, deje que el bebé disfrute un ratito desnudo. Si quedan zonas húmedas, séquelas bien con una toalla suave o un pañuelo de papel. Un poco de crema por delante y por detrás protegerá la piel.

■ No utilice nunca crema y polvos juntos, se formarán grumos que irritarán la piel.

■ La piel de los bebés puede reaccionar también con mucha sensibilidad ante cambios climáticos extremos. En días de mucho calor, por ejemplo, les pueden salir puntitos rojos (las llamadas sudaminas). Son inocuas y no necesitan tratamiento especial. En días de frío, sin embargo, tiene que proteger la cara del bebé con crema muy grasa como, por ejemplo, la vaselina. No debe utilizar cremas hidratantes, hacen que la piel se agriete con el frío.

Así protegerá el cordón umbilical, el pelo, las uñas y los dientes

El cordón suele caerse entre seis y diez días después del parto. Dos semanas más tarde la herida está curada del todo. Hasta entonces hay que dedicarle cuidados especiales: tradicionalmente se aplica con preferencia el llamado método seco. Quiere decir que la zona del ombligo no debe entrar en contacto con el agua hasta que la herida esté del todo cicatrizada. Sólo se usan polvos antisépticos y se cubre el ombligo con una gasa esterilizada sujeta con una venda umbilical elástica.

En el parto alternativo, en el cual se da al recién nacido un baño caliente de inmediato, se introdujo el llamado método libre: el cordón no se tapa; con un pincel se le aplica una solución especial. Si la herida cura bien, no hay que esperar a que esté cerrada por completo para bañar al bebé.

EL OMBLIGO NO DEBE MOJARSE hasta que la herida esté completamente cicatrizada.

- Independientemente del método que usted elija, es muy importante que se lave las manos cada vez que vaya a tocar el cordón umbilical.
- Si el cordón sangra un poco, límpielo con un algodón humedecido en agua, previamente hervida. Si se infecta, debe consultar al pediatra.
- Una vez al día ha de limpiar la zona alrededor del ombligo con agua templada limpia y secarla con un pañuelo de papel suave. Después se le aplican polvos con cuidado.
- Cuando le ponga el pañal, procure que éste no roce ni tape el cordón umbilical.

Algunos bebés vienen ya al mundo con un buen mechón de pelo; otros, sólo con una pelusa suave. Más que al cabello en sí, cuando hablamos del cuidado capilar del recién nacido nos referimos al masaje suave del cuero cabelludo, cosa que a la mayoría de los bebés le resulta extremadamente agradable.

Muchos recién nacidos tienen el cuero cabelludo cubierto de una costra escamosa inofensiva y nada tiene que ver con la verdadera costra de leche. En casi todos los casos, esta costra desaparece sola. De no ser así, coja por las noches una bolita de algodón impregnado en aceite (aceite de almendras dulces u otro aceite para bebés) y unte con suavidad el cuero cabelludo.

A la mañana siguiente lo limpia con una toalla o manopla húmeda. El aceite hace efecto durante la noche, reblandece la costra y facilita quitarla al día siguiente. En ningún caso debe intentar quitar las escamas con la uña. Puede ocasionar heridas en el sensible cuero cabelludo.

LOS UTENSILIOS NECESARIOS: cepillo para el pelo blando, tijeras para las uñas de punta roma, bastoncillos de algodón, vaso, cepillo y pasta de dientes para niños.

Durante el primer mes de vida no es necesario ningún cuidado especial de las uñas del bebé, ya que son muy blandas y se liman solas, con el roce de las sábanas, por ejemplo. De todas formas, puede comprobar la dureza de las uñas de vez en cuando, apretando la yema de su dedo contra la uña del bebé. Cuando realmente las note, será el momento de hacer la primera manicura y pedicura.

No espere hasta que el niño se rasque y se arañe la piel porque esos arañazos pueden dejar señales para siempre. Córtele las uñas de las manos y de los pies con tijeras especiales (de punta roma). Lo mejor es hacerlo después del baño, cuando las uñas están blandas. En caso de que el niño sea inquieto, es mejor cortárselas cuando esté dormido.

La higiene dental ha de empezar en cuanto al bebé le salgan los primeros dientes. Esta medida es importante si se tiene en cuenta que dientes de leche intactos y sanos son la base para el posterior desarrollo de los dientes definitivos. Los primeros dientes del bebé no necesitan lavarse con cepillo, puede utilizar un bastoncillo de algodón húmedo y frotarlos con cuidado.

También es conveniente no dar al niño bebidas con azúcar y no dejarlo chupetear el biberón mucho rato seguido.

Los primeros dientes

La mayoría de los bebés tiene su primera dentición entre el cuarto y el sexto mes, aunque hay recién nacidos que vienen al mundo ya con un diente. Cuando le están saliendo los dientes, el niño se muestra muy inquieto, lloriquea y babea; las deposiciones son más líquidas y de olor penetrante. En estas fases es muy importante cambiarle los pañales a menudo; muchos bebés son en esa fase propensos a las escoceduras e irritaciones de la piel.

En cuanto su hijo sea mayorcito y su agilidad manual haya madurado lo suficiente, necesitará un cepillo de dientes para niños y pasta dentífrica especial para dientes de leche. Al principio necesitará su ayuda para lavarse los dientes porque él no dominará todavía los movimientos que ha de hacer. Lo ideal sería que usted se los lavara después de cada comida para que el niño se fue-

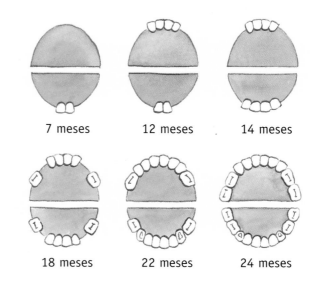

7 meses　　12 meses　　14 meses

18 meses　　22 meses　　24 meses

ASÍ LES SALEN LOS DIENTES a la mayoría de los bebés.

ra acostumbrando a hacerlo. Bien es cierto que, en la vida diaria, resulta difícil ser siempre consecuentes, pero es muy importante hacer uso del cepillo de dientes, sobre todo después del desayuno y de la cena.

Dientes sanos desde el principio

Lavarse los dientes con regularidad desde el principio, más una alimentación sana y equilibrada (abundante fruta y verdura, pocos dulces y ninguna bebida azucarada), son esenciales para la salud dental de su hijo; los dientes de leche sirven de guía para los que después serán definitivos. Si, por ejemplo, hubiera que sacar uno de los primeros dientes antes de que el segundo esté saliendo, el resto de los dientes de leche se mueve y obstruye el hueco, impidiendo el crecimiento correcto del segundo. La consecuencia es una dentadura defectuosa que más tarde resultará difícil corregir.

Además, un diente de leche cariado no sólo puede contagiar las piezas vecinas, sino también los dientes definitivos.

Piel hipersensible y problemática

La piel no es solamente un órgano sensorial importante. También manifiesta informaciones sobre posibles trastornos fisiológicos y procesos de adaptación a situaciones variables. Además, reacciona muy sensiblemente ante agentes externos como el clima, los alimentos o los productos de limpieza. La piel de los recién nacidos, como ya se comentó en el capítulo anterior, es muy sensible porque intestino y metabolismo aún no están desarrollados por completo. Mientras algunas afecciones de la piel desaparecen solas, hay otras que debe usted vigilar atentamente y, si es necesario, consultar al pediatra.

LA PIEL DE LOS RECIÉN NACIDOS es sumamente sensible.

Erupciones cutáneas en el recién nacido

No todos los recién nacidos vienen al mundo con una perfecta piel de melocotón. Sin embargo, la mayoría de las afecciones cutáneas de los bebés no reviste mayor importancia ni necesita tratamiento especial. Las rojeces, los granitos y las manchas que mecionamos a continuación son reacciones cutáneas que los bebés presentan con frecuencia.

ALGUNAS AFECCIONES
de la piel desaparecen
solas; otras deben tratarse.

Durante los primeros días pueden aparecer manchas rojas en la frente, la nuca y los párpados. Estas manchas desaparecen a lo largo del primer año.

En la nariz del recién nacido pueden aparecer puntitos amarillentos. Son inocuos. Se trata de glándulas sebáceas obstruidas y desaparecen casi siempre a los pocos días.

Hay bebés que presentan en alguna parte del cuerpo una mancha roja. Por lo general es un angioma inofensivo, que va desapareciendo con los años.

Erupciones cutáneas en bebés mayorcitos

Si durante algún tiempo usted observa que la piel del bebé muestra zonas con escamas, costras, enrojecimiento e incluso picores, debe tener cuidado y acudir al pediatra. A continuación encontrará una serie de afecciones cutáneas que presentan un cuadro específico:

Bajo el concepto de «erupción» se entienden reacciones de la piel como granitos, pústulas o rojeces delimitadas que, normalmente, son inocuas y desaparecen pronto. Por lo general, suele haber una causa directa que motiva la erupción.

Pero también puede tratarse de una reacción alérgica a un objeto concreto (como el metal en botones, las cremalleras o los adornos), a residuos en la ropa (de suavizantes, por ejemplo) o a determinados alimentos (fruta que no se ha lavado bien). Ni que decir tiene que encontrar al posible causante exige a veces un trabajo de detective.

Puede ocurrir, por ejemplo, que al niño le salgan pústulas rojas en el tronco o en los muslos después del baño. Si el producto que ha añadido usted al agua no es el causante, tal vez sea alguno de los juguetes con los cuales se baña (que siempre tienen humedad y son un caldo de cultivo ideal para bacterias irritantes de la piel).

Qué puede hacer contra las erupciones

Por regla general, si se conoce la causa de la erupción, no necesita ningún tratamiento especial. En cuanto se haya encontrado al «malhechor» y el niño no esté expuesto a su contacto, la erupción desaparece sola al cabo de unos días.

Tampoco tiene que imaginarse lo peor, si no da en seguida con la causa de la reacción, porque no toda erupción es necesariamente una alergia. Vigile al niño e intente descubrir lo que hizo o comió de inmediato antes de aparecer la erupción y en qué partes del cuerpo apareció. Eso puede facilitar a usted y al pediatra el diagnóstico y el consiguiente tratamiento.

- Si, por ejemplo, el niño lleva una cadena o una pulsera y la erupción se da en el cuello o en la muñeca, hay que suponer que la piel reacciona a ese metal.
- La fruta y verdura que el pequeño coma cruda, debe usted lavarla bien primero con agua caliente.
- La ropita nueva ha de lavarla siempre antes de estrenarla.
- Utilice siempre manoplas recién lavadas o, mejor, desechables. Las esponjas no son aconsejables.

ANTE UNA ERUPCIÓN, es importante descubrir qué puede haberla causado.

Tiña

Tiña es el nombre que recibe, en lenguaje popular, la afección de la piel que más frecuentemente se da en los primeros meses de vida de un bebé. Aparecen escamas y costras en los pliegues de la piel, en el cuello y, sobre todo, en el cuero cabelludo. Con el tratamiento adecuado, desaparece normalmente, a más tardar al final del tercer mes de vida, sin dejar secuela alguna.

Costra de leche

La llamada costra de leche es un eccema cuyos factores desencadenantes aún se desconocen. En los tres primeros meses de vida, aparece sobre todo en la cara, el cuero cabelludo, las corvas, los codos y la parte interior de las muñecas. La piel de estas zonas está muy seca, enrojecida, escamosa y provoca picazón; en el peor de los casos puede supurar. El eccema aparece y desaparece. Es posible que esté causado por otra enfermedad, como catarro o indisposiciones gastrointestinales. O ser síntoma de alguno de esos trastornos. La piel puede reaccionar asimismo con el síntoma descrito cuando el bebé está muy nervioso o duerme poco. En muchos casos, los bebés con costra de leche son propensos a reacciones alérgicas y, a menudo, el eccema es, desgraciadamente, el precursor de la neurodermitis.

Qué puede hacer contra la costra de leche

En cuanto note que su niño presenta las reacciones cutáneas arriba descritas, debe acudir para su tranquilidad al pediatra. En la mayoría de los casos no hay motivo de preocupación; el eccema desaparece solo después del tercer mes. Si la piel está muy enro-

jecida y produce picor, el médico le recetará una pomada refrescante y antipruriginosa (contra el picor) o le aconsejará aplicarle aceite.

- Si su bebé tiene costras de leche, no ha de bañarlo a menudo. El jabón está prohibido. Utilice sólo preparados especiales o aceites de baño (una cucharadita de aceite de almendras dulces) en el agua.
- Póngale camisetas y peleles únicamente de algodón.
- En verano permita que el bebé se mueva, desnudo o sólo con el pañal, siempre que sea posible al aire libre (¡a la sombra!).

La homeopatía considera insuficiente la terapia meramente externa. Junto a la recomendación de cambiar la alimentación del niño (muchos bebés que no son amamantados son alérgicos a los productos de la leche de vaca), recetan una pomada antipruriginosa y apósitos impregnados con determinadas hierbas como pensamiento y corteza de roble. Los naturópatas recomiendan además ciertos remedios que fortalecen el sistema inmunológico y estimulan el pequeño organismo para que active sus propios recursos terapéuticos. Por el bien de su hijo es conveniente consultar a un especialista.

ALGUNOS PROBLEMAS cutáneos requieren consultar a un especialista.

Neurodermitis

La misma palabra «neurodermitis» muestra la estrecha conexión entre los nervios, «neuronas», y una «dermitis», infección de la piel. La neurodermitis es una de las enfermedades de la piel más frecuentes en el mundo occidental y todavía quedan por investigar las causas concretas que la originan. Se supone que la propensión a contraerla es hereditaria aunque alimentación, factores psíquicos, esfuerzos físicos y estrés pueden agravar los síntomas.

La neurodermitis surge a menudo en la más tierna infancia en forma de una costra de leche muy pronunciada: la piel está enrojecida y con escamas, pica, supura y forma costras, sobre todo en las mejillas. Cuando el bebé va creciendo, las zonas de las articulaciones y de las nalgas son las más afectadas. Lo que sí se sabe con seguridad es que los pacientes de neurodermitis presentan un trastorno del sistema inmunológico, de forma que son múltiples los factores medioambientales que pueden desencadenar la enfermedad.

LA NEURODERMITIS está relacionada con trastornos del sistema inmunológico.

La mejor forma de ayudar a su hijo durante esta enfermedad es mantener la serenidad y prevenir las recaídas. Cuanto menos se altere la vida diaria, tanto mejor para la piel y la mente de su hijo.

Qué hacer contra la neurodermitis

Consulte primero a un pediatra para que haga el diagnóstico. Desgraciadamente, aún no existe medicación efectiva para combatir esta enfermedad.

Se prescriben pomadas antipruriginosas y otras que contienen cortisona, cambios en la alimentación, así como aplicar las reglas que más abajo se indican.

Si lleva al niño a un homeópata o a un médico naturista, podrá constatar que el tratamiento homeopático de la neurodermitis, como el de todas las enfermedades crónicas, depende de cada caso individual. Junto a los cambios en la alimentación y la terapia prescrita, debe usted tener cuidado especialmente con la piel y la ropa del niño.

Cuidado de la piel

■ No utilice ningún jabón para lavar o bañar al niño; solamente agua o aceites de baño. Séquelo con mucha delicadeza y sin frotar; aplíquele después pomadas especiales.

EXISTEN PRODUCTOS
especiales para el baño
que alivian el picor.

- Para aliviar el picor son de gran ayuda algunos productos especiales de baño, –se venden en farmacias– y compresas frías de manzanilla.

La ropa

- Es muy importante utilizar únicamente ropa de fibra natural (algodón, seda, lino); la lana puede irritar la piel y hacer que algunas heridas se vuelvan a abrir; debe, pues, tener cuidado de que la ropa de lana no esté en contacto directo con la piel del niño.
- A fin de que el pequeño no se rasque hay peleles especiales con guantes para bebés y niños pequeños (se venden en tiendas especializadas).
- Utilice sólo detergentes que no contengan blanqueadores ni perfumes sintéticos.
- La ropita nueva debe lavarse bien antes de estrenarla.

- No abrigue demasiado al niño; el sudor acentúa la picazón.
- En verano procure que la piel del niño se airee lo más posible. Déjelo desnudo siempre que la temperatura lo permita.

CONVIENE EVITAR
todos aquellos elementos
de la vivienda que
puedan acumular polvo.

La vivienda

- A ser posible saque de la habitación del niño y de la vivienda todas las plantas en flor y todo cuanto pueda acumular polvo –alfombras, cortinas y tapicerías–. Los plumones y los colchones de crin tampoco son recomendables.

■ Procure que la casa esté siempre bien ventilada y no tenga animales domésticos.

El cambio de clima

Para muchos niños que sufren neurodermitis, el cambio de clima ha dado muy buenos resultados. Por ejemplo, un clima marítimo crudo es excelente para atenuar los penosos síntomas. Pero la estancia debe ser, como mínimo, de seis a ocho semanas y es necesario tener en cuenta que, en los primeros días, incluso se puede dar un empeoramiento. Después de la cura es posible atenuar las recaídas sometiéndolo a tratamientos con agua de mar (terapia de Thalasso).

Cuidados especiales: el culito escocido

ES IMPORTANTE EVITAR el contacto prolongado de la piel del bebé con el pañal sucio.

Aunque lo cuide con esmero y le cambie el pañal con frecuencia, su bebé puede sufrir escoceduras. Si le da el pecho, la causa tal vez sea la alimentación de la madre. Sobre todo los cítricos pueden provocar irritaciones en la piel del pequeño. Algunos niños reaccionan ante ciertas verduras, como espinacas y tomates. Los restos de detergentes o suavizantes en pañales y toallas también pueden provocar reacciones. La diarrea produce asimismo irritaciones en la piel. Pero la causa más frecuente de las escoceduras es el contacto prolongado de la piel con la orina y las heces del pañal. Muchos bebés hacen sus necesidades poco después de comer y, si entretanto se han quedado dormidos, puede pasar algún tiempo hasta la siguiente muda de pañal.

El origen de las escoceduras puede a veces ser un hongo. El llamado «muguet» se reconoce por el enrojecimiento claramente delimitado donde la piel parece un poco levantada y se descama con facilidad. Si éste es el caso, el pediatra debe indicar el tratamiento de inmediato.

Qué hacer contra las escoceduras

■ Si su bebé tiene el culito escocido, debe prescindir del aceite y lavar el área afectada con agua tibia a la cual se añade media taza de manzanilla; séquelo suavemente con un pañuelo de papel, sin frotarlo. Si al secarlo con la toalla le hace daño, puede utilizar un secador de pelo (póngalo en la potencia mínima y a distancia de treinta centímetros del cuerpo).

- Sustituya la crema que utiliza habitualmente por otra a base de zinc (se vende en farmacias). Este mineral acelera el proceso curativo y es antiséptico. La leche materna tiene igualmente sustancias antisépticas y puede utilizarla en lugar de otros productos para untar el culito del bebé. También es recomendable la pomada de caléndula.

- Cámbiele el pañal más a menudo y, a ser posible, no utilice pañales desechables sino de tela. Una braguita especial de lana sobre el pañal de gasa impedirá que el líquido se escape. No le ponga braguitas ni picos de plástico, que apenas dejan pasar el aire.

- Si su hijo tiene la piel especialmente delicada y frecuentes escoceduras, valdrá la pena adquirir un cubrepañal de seda lavable, cuyo contacto con la piel es muy agradable y favorece la curación.

- Deje al niño siempre que pueda con el culito al aire (puede ponerle el pañal debajo). Dentro de la casa debe reinar una temperatura adecuada. En verano sáquelo fuera. El sol puede ser un remedio natural y eficaz en estos casos, evitando, por supuesto, que el tiempo de exposición a los rayos solares sea demasiado largo.

Las posturas correctas

Las posturas correctas

El recién nacido parece tan tierno y frágil que, al principio, no se sabe cómo tocarlo, cogerlo, llevarlo o sujetarlo. Muchos padres se sienten inseguros y temerosos a la hora de decidir cuál es la mejor posición para dejar al niño solo o cómo estará en la mejor postura para dormir.

Cómo coger al niño en brazos

No debe olvidar que, en el vientre de la madre, el bebé estaba bien rodeado y protegido. Son condiciones que necesita mantener, puesto que cuanto le dé seguridad, calor y compañía va a suscitar en él las mismas sensaciones de bienestar. Con las técnicas que más abajo se describen podrá usted coger al bebé cuando esté acostado, ponerlo de lado o boca abajo. Por regla general, conviene darle media vuelta con suavidad y ponerlo de lado antes de cogerlo en brazos o cambiarlo de posición. Para tomarlo en brazos no debe nunca cogerlo de las manitas y tirar. El niño reaccionaría con miedo e inseguridad. Si quiere hacerlo bien, hágalo como le explicamos a continuación:

Cómo coger en brazos al recién nacido

1. Ponga las manos debajo de la espalda del niño y súbalas con cuidado hasta los hombros.
2. Rodee con las dos manos los hombros, de forma que pueda abarcar toda la parte superior del cuerpo.

IZQUIERDA.
A los bebés les encanta cualquier contacto físico y disfrutan también si los cogen en brazos con cuidado.

DERECHA.
Es muy importante sujetar la cabecita: los músculos del cuello aún no están en condiciones de sostener la cabeza que, con respecto al cuerpo, es bastante pesada.

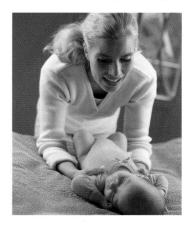

3. Si empuja suavemente con la mano izquierda, el tronco y la cabecita se volverán hacia la derecha.
4. Rodee ahora con la mano izquierda la cabeza y la parte superior de la espalda para que queden estabilizadas.
5. Desde esta posición puede coger al niño con seguridad y comodidad.
6. Una vez erguido, sólo tiene que sujetarle con la mano derecha el culito y con la izquierda la cabeza.

Cómo coger en brazos a los bebés mayorcitos

Cuando su bebé tenga tres o cuatro meses, ya habrá aprendido a sostener la cabeza y la musculatura de la espalda estará también más desarrollada. Todavía necesita que le sujete la cabeza, pero ya lo puede coger así:

El niño está boca arriba y usted coloca las manos a ambos lados por debajo de las axilas. Lo levanta con cuidado atrayéndolo hacia sí y lo acomoda en su hombro, en el brazo o en la cadera.

■ Al principio debe usted poner especial cuidado en sujetar bien la cabeza y la espalda del niño; él no tiene todavía ningún control sobre sus movimientos.
■ Los bebés se sobresaltan fácilmente ante los movimientos bruscos y repentinos. Para evitarlo, tiene que cogerlo o cambiarlo de postura despacio y con mucha suavidad.
■ No lleve al niño siempre en el mismo lado de su cuerpo, sino alternando el izquierdo y el derecho. Cambiarlo de lado es importante a fin de ampliar su percepción del entorno y, a la vez, le ayudará a contrarrestar posibles tensiones musculares.

Llevarlo en brazos

Dada la gran necesidad que el recién nacido tiene de sentirse seguro y protegido, caben sólo dos formas de llevarlo en brazos. Para los bebés mayorcitos hay otras posiciones en las cuales se encuentran igualmente a gusto y seguros.

La posición de cuna

Bien acurrucado junto a su cuerpo, la cabecita descansa en el pliegue del codo y el cuerpo en el antebrazo. Todos los bebés se sienten así cómodos y a gusto, y usted puede establecer contacto visual con él y darle el pecho.

La posición para eructar

En posición erguida, la cabecita apoyada en su hombro, mientras usted le sujeta con una mano el culito y con la otra la cabeza. Esta posición es adecuada para hacerle eructar después de la toma, si se atraganta y tose o cuando llora.

La posición de vuelo

El niño está boca abajo, el tronco descansa sobre su antebrazo; con una mano lo sujeta por debajo de la axila mientras la otra está debajo de la barriga sujetando la parte inferior del cuerpo. Esta posición es muy aconsejable si el niño suele tener dolor de

IZQUIERDA.
Especialmente para los recién nacidos ésta es la postura adecuada.

DERECHA.
Las caricias o los golpecitos suaves en la espalda tienen un efecto tranquilizador para muchos bebés.

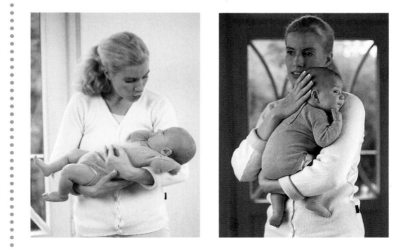

barriga o gases. La sensación de flotar y el masaje adicional en la barriguita son agradables y relajantes para el niño.

Una variante de la posición de vuelo es cuando todo el cuerpo del niño descansa sobre su antebrazo y la cabeza en el pliegue del codo. Así tiene una mano libre para acariciarlo o darle golpecitos en la espalda.

La posición de sillita

Si quiere mostrar a su bebé algo interesante o distraerlo, colóquelo sentado sobre una de sus manos a la altura del vientre mientras con la otra le sujeta la parte superior del cuerpo.

La posición de trabajo

El bebé está sentado y se apoya entre su cuerpo y su brazo, cuya mano lo sujeta entre las piernas. Esta posición es la más adecuada cuando necesita tener la otra mano libre.

En la cadera

Cuando el bebé aumente de peso, esta postura supone una variante que la sufrida espalda de los padres agradecerá mucho:

Siente al niño a horcajadas sobre su cadera sujetándolo primero con las dos manos. Cuando esté asegurado en esa posición, bastará que lo sujete con una mano, la otra queda libre. La madre que dé el pecho en esa posición debe evitar que el niño apriete

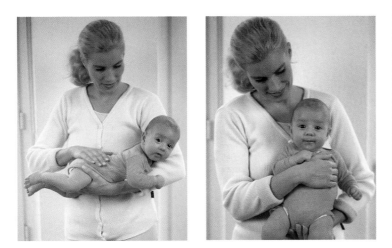

IZQUIERDA.
Para bebés a partir
de los tres o cuatro meses.

DERECHA.
La posición de sillita
está indicada a partir
de los cuatro meses.

IZQUIERDA.
Posición adecuada
para bebés a partir
de los cuatro meses.

DERECHA.
Posición adecuada
para bebés a partir de
los cinco o seis meses.

demasiado el pecho. Cada mujer encontrará seguramente la mejor postura para los dos.

Chal y mochila portabebés

Una forma de llevar al pequeño, muy confortable tanto para él como para los padres, es un chal o una mochila portabebés. Diversos estudios han confirmado una y otra vez las ventajas que supone esta forma de llevar al niño, tan poco habitual para nosotros los europeos, pero común y corriente en otros países. Los bebés con quienes se utiliza este método notan el contacto frecuente de la persona que los cuida, lloran menos y son, por tanto, más tranquilos.

Parece ser que la estrechez del chal, que va muy ceñido al cuerpo y atado a la espalda, les da la misma sensación de bienestar que tenían dentro del vientre de la madre. Por añadidura, los olores y ruidos familiares, el contacto y el calor corporal, también tranquilizan y relajan al niño.

Muchos padres piensan que ésta es una forma de mimar demasiado al niño, cosa que no se ha confirmado hasta ahora. Cuando, a partir de este íntimo contacto, el niño empieza a descubrir el mundo y es él mismo quien decide ir rompiendo los lazos, tiene mucha más seguridad para emprender cualquier cosa. Otra causa de temor de los padres es que: llevar al niño en el chal pueda significar riesgos de deformación de la columna. Ningún estudio lo ha detectado hasta ahora.

EL CHAL PORTABEBÉS
es una buena solución
para madre e hijo.

Ventajas del chal portabebés

■ Comparado con la mochila portabebés, el chal tiene la ventaja de que el peso se reparte más equilibradamente en la espalda y los hombros del adulto.

■ El chal crece con el niño. Uno de tamaño apropiado se puede
utilizar sin problemas desde la primera semana de vida hasta
el segundo año.

**Si su hijo ha nacido antes de tiempo, es especialmente
recomendable llevarlo en un chal** o una mochila portabebés. De esta forma se puede dar al niño prematuro una especie de sustitución del tiempo que aún debía permanecer
en el vientre materno, contribuyendo a la vez al desarrollo fisiológico y psicológico del niño.

- Nunca se debe llevar al bebé de espaldas al cuerpo del adulto; sería una postura molesta que puede causar al niño desviación de la columna.
- El chal tiene que atarse de forma que quede espacio para que el pequeño pueda flexionar las piernas estando de lado. Esta posición es la más cómoda para él y la más segura para su espalda y sus caderas.
- Ha de llevarse al niño bien acurrucado junto al cuerpo del adulto.
- No todas las telas son apropiadas para el chal. Hay que utilizar las que están expresamente indicadas –telas resistentes pero que ceden en dirección diagonal–.

Cómo se ata el chal portabebés

Seguro que la primera vez no resulta muy fácil atar el chal, pero practicando un poco aprenderá enseguida a hacerlo correctamente y a tumbar o sentar al niño dentro, de modo que se sienta cómodo:

ÁTELO DOS VECES
a la altura de la cadera.

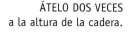

1. Póngase el chal sobre un hombro y átelo en el lado opuesto a la altura de la cadera. Cuide de que el nudo esté bien fuerte de forma que el chal quede ceñido al cuerpo.
2. Dé la vuelta al chal para que el nudo quede en la espalda.
3. A continuación lo despliega por delante y le da una vuelta sobre sí mismo.
4. Despliegue otra vez el chal y acune al niño dentro, poniéndolo de lado.
5. Estire los bordes del chal de forma que la espalda y la cabeza del bebé queden bien sujetas. Mientras el niño no tenga con-

IZQUIERDA. ARRIBA.
Ponga el nudo en la espalda y despliegue el chal por delante.

DERECHA. ARRIBA.
Despliegue el chal desde el hombro.

IZQUIERDA. ABAJO.
Pase el borde interior por debajo del exterior y despliéguelo para que forme una especie de hamaca.

DERECHA. ABAJO.
Así puede llevar al bebé como en una cuna, acurrucadito junto a su cuerpo.

trol sobre el movimiento de la cabeza, el chal debe ser como una cuna que se amolde a su cuerpo. En cuanto pueda sostener la cabecita, apóyelo sobre su cadera y déjele la cabeza libre.

Cómo acostar al bebé

Puesto que el recién nacido no es capaz de darse vuelta ni cambiar de posición solo, es usted quien debe encargarse de que no esté siempre en la misma postura. Conviene saber que toda posición tiene sus ventajas y sus inconvenientes.

Boca abajo

Esta posición favorece el desarrollo del esqueleto y de todo el aparato locomotor; será ventajosa llegado el momento de empezar a arrastrarse, gatear, sostenerse y enderezarse. Además, si está boca abajo (o de lado), se evita el peligro de asfixia por regurgitación o de vómitos repentinos. En contra de ella se puede aludir a las recomendaciones de numerosos estudios en torno a la «muerte súbita». En base a los datos obtenidos, las autoridades sanitarias recomiendan a todos los padres que no acuesten boca abajo a los niños menores de un año. Sin embargo, si el niño está despierto o hay una persona vigilándolo, es aconsejable e incluso necesario de vez en cuando acostarlo en esta postura.

De lado

Si el niño va a dormir o está enfermo (acatarrado, por ejemplo), ésta es la mejor posición (sobre el lado izquierdo y el derecho alternativamente).

Necesitan sentir el apoyo de algo para sentirse seguros. Para conseguirlo basta que le ponga una toalla enrollada bien pegada a la espalda y la cabeza.

Boca arriba

Esta posición es ideal para que su hijo pueda observar cuanto le rodea, mirar los juguetes que tiene delante e intentar coger cosas. Es la postura que mayor campo de acción le permite; puede pa-

ACOSTAR AL NIÑO BOCA ABAJO
favorece el desarrollo
del esqueleto y del
aparato locomotor.

DORMIR DE LADO
es la mejor posición
si el bebé está resfriado.

NO ES CONVENIENTE
que un bebé muy pequeño
se duerma boca arriba porque
podría atragantarse.

talear, mover la cabeza a un lado y a otro y bracear. No se recomienda esta posición si el recién nacido tiene que dormirse o si acaba de comer porque, a menudo, después de la toma y de eructar, el niño devuelve algo de leche y podría atragantarse si está boca arriba.

- Mientras su hijo no pueda cambiar de postura solo, debe usted ocuparse de hacerlo; si está despierto, póngalo alternativamente boca abajo y boca arriba; si está durmiendo, sobre el lado derecho y el izquierdo. De esta forma se pueden contrarrestar fácilmente los inconvenientes que tiene cada posición.
- Procure cambiar también con frecuencia la perspectiva del niño; siempre va a querer mirar allí dónde haya claridad y algo interesante que ver u oír.

Dormir

Es muy importante que en los primeros meses duerma en un sitio donde esté calentito y se sienta a gusto y seguro, puesto que va a pasar mucho tiempo acostado (a no ser que usted prefiera utilizar un chal portabebés).

Cuna, moisés, capazo

ANTES DE COMPRAR, hay que valorar cuáles son las necesidades del bebé y de los padres.

Antes de adquirir una cuna mecedora o un moisés con ruedas deben pensar si realmente son necesarios. Por regla general, estas camitas son muy decorativas, pero en pocas semanas resultan pequeñas (a los cuatro o cinco meses).

Es verdad, en cambio, que tanto la cuna como el moisés ofrecen al recién nacido ventajas importantes:

En primer lugar son transportables, o sea que los puede poner en cualquier sitio de la casa y procurarle así al niño cambios de perspectiva. En segundo lugar, serán de gran ayuda para dormir al bebé porque los movimientos de vaivén o balanceo son un sedante para algunos niños.

Una alternativa puede ser un moisés barato de mimbre o un capazo, aunque la adquisición de estos objetos no es imprescindible. Lo mejor es el capazo que suelen tener los cochecitos de niño. Éste puede servir para que el bebé duerma fuera de casa si ustedes salen o van de visita. No se debe utilizar como cama permanente del niño porque no tiene buena circulación de aire. Tampoco sirve para llevar al niño dentro del coche: en caso de accidente, el bebé puede salir despedido.

Para transportar al niño en automóvil se utiliza una silla portabebés especial (se vende en tiendas especializadas), que se coloca en el asiento trasero (no en el delantero), en dirección contraria al sentido de la marcha.

La cama del niño

Después de un par de meses su bebé habrá crecido lo suficiente como para necesitar una cuna aunque parezca que aún le resulta demasiado grande. Para que el bebé no se sienta perdido en esa «cama grande» hay que delimitar su entorno con objetos adecuados, de forma que le sugiera la estrechez del vientre materno y le dé la seguridad y el bienestar consiguientes. Puede satisfacer esta necesidad preparándole la cuna con muñecos de peluche suaves, una piel de cordero y toallas enrolladas contra las cuales pueda acurrucarse. También es aconsejable ponerle alrededor de la cabeza cojines pequeños que, además de gustarle, le protegen.

En las cunas de buena calidad se puede regular la altura del colchón y el largo de la cama, y las barandillas son desmontables. Asimismo deben tenerse en cuenta las siguientes recomendaciones:

LA CUNA TIENE QUE SERVIR para unos cuantos años, no sólo mientras el niño sea un bebé. Por eso, los criterios para escogerla deben tener en cuenta que sea de buena calidad, el acabado seguro y la posibilidad de agrandarla.

Todo lo necesario para la cuna

Además del colchón, en cuya calidad deben poner especial atención, necesitan los siguientes accesorios:

1. Su bebé se sentirá enseguida a gusto en la cuna si le recubren las barandillas con telas de colores y ponen una almohadilla protectora en el cabezal (se vende en tiendas de artículos para bebés). Las dos cosas dan al niño sensación de seguridad y la almohadilla le protege de posibles lesiones.
2. Encima del colchón puede poner una manta de algodón rellena de fibra natural.

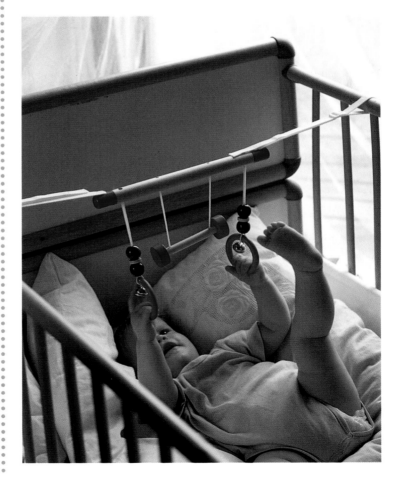

3. El colchón (con o sin manta) se protege con una funda impermeable que no sea de plástico ni de goma, materiales que impiden la buena ventilación y acumulan el sudor del bebé.

En las tiendas especializadas se pueden adquirir fundas de colchón apropiadas hechas de tejido de algodón, impermeables, muy absorbentes y lavables. No debe utilizar las de goma.

4. Encima de todo esto ponga una sábana ajustable.

5. Para los recién nacidos, sobre todo si son prematuros, es recomendable una piel de cordero puesta sobre la sábana.

6. Para tapar al niño, lo mejor es un edredón de algodón o de franela, relleno de plumón. Abriga bien y no pesa.

7. Al principio no es necesaria almohada e incluso puede ser peligrosa si el niño esconde la cabeza debajo. En lugar de ésta

A LOS BEBÉS LES GUSTA
también entretenerse solos,
sobre todo en su cuna.

puede poner una gasa. Si el niño duerme sobre una piel de cordero no necesita nada, ya que la cabecita se mantiene abrigada con la piel.

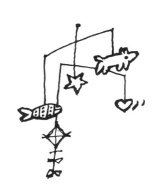

Para que la cuna de su hijo sea un lugar seguro durante el sueño, deben tener en cuenta los siguientes detalles en el momento de comprarla:

- El colchón tiene que ajustarse perfectamente al armazón de la cuna. No debe ser demasiado blando y, a ser posible, relleno de fibras naturales.

- Debe llevar también una funda de quita y pon porque los bebés y los niños pequeños transpiran mucho. Además, siempre se les puede escapar algo del pañal.

- El somier ha de ser firme, resistente y estar homologado.

- Los barrotes deben ser verticales y tener entre ellos una distancia máxima de 7,5 cm para que el niño no pueda meter la cabeza.

- Dos de los barrotes tienen que ser desmontables de forma que cuando el niño crezca pueda salir solo de la cuna y no se le ocurra saltar por encima de la barandilla.

- Si es una cuna rodante, por lo menos dos de las ruedas deben poder fijarse para que no se mueva.

- El fabricante de la cuna ha de dar información sobre el tipo de madera empleado, así como sobre las pinturas y lacas con las cuales haya sido tratada.

LA SEGURIDAD debe ser el factor determinante a la hora de adquirir una cuna.

Piel de cordero: calor y seguridad

Se ha comprobado que una piel auténtica de cordero, puesta a modo de sábana debajo del recién nacido, le proporciona sosiego y equilibrio e, incluso, le hace dormir más. Además tiene un

efecto termorregulador: en verano resulta refrescante y en invierno da un calor agradable de forma que es ideal para que el bebé se sienta a gusto.

Si compra una piel de cordero debe fijarse en que no esté recortada, porque la fibra de lana no recortada tiene las puntas más suaves y la piel del bebé la tolera mejor. Antes de ponerlas en venta, estas pieles se someten a un proceso especial de lavado, así que no debe temer ningún perjuicio para la salud o la higiene del recién nacido. La piel de cordero se puede lavar con un champú especial (se comercializan en tiendas especializadas) en la lavadora (programa para lana). Lo mejor es secarla al aire libre sin que le dé el sol directamente.

Sentarse y gatear seguro

El bebé, antes desvalido, será cada día más activo y controlará mejor sus movimientos: a los dos o tres meses levanta la cabecita y la vuelve en dirección a las voces y los ruidos que oye o hacia los objetos que le llamen la atención. Ya patalea, bracea e intenta coger los juguetes.

A los cuatro meses aproximadamente empieza a cambiar de posición por su cuenta. Ha llegado el momento en que, cuando se despierta, el niño se aburre si está solo en la cuna. Quiere participar, ver y oír; en una palabra, necesita estímulos.

CUANDO EL NIÑO empiece a desplazarse habrá que tener en cuenta los nuevos peligros con los que se puede encontrar.

La silla mecedora

Cuando el niño aún no puede sentarse sin ayuda ni gatear, pero quiere estar presente viéndola trabajar en la cocina o el jardín, vale la pena procurarse una sillita mecedora. Es un accesorio muy útil que se puede llevar donde se encuentre en ese momento, con la condición de que no haya riesgo de que la silla se vuelque o de que el niño tire algo.

Sentado en la mecedora, el niño está un poco incorporado, de manera que tiene amplio campo visual. Las mecedoras están provistas de un cinturón que, ahora, cuando el niño se mueve ya mucho, debe usted ponerle siempre por razones de seguridad. Para recién nacidos, sin embargo, la mecedora no es adecuada. Tampoco los mayorcitos han de estar más de media hora seguida en ella para no cansar la columna vertebral más de lo debido. Y no es el lugar adecuado para dormir, para eso está la cuna.

El corralito y la manta para gatear

Los bebés que ya empiezan a moverse necesitan espacio suficiente y protección. A partir del quinto o sexto mes, la mayoría de los bebés ya puede darse la vuelta sola y ponerse boca arriba o boca abajo, y empieza a controlar los movimientos y a coger sus juguetes. Desde el séptimo mes, muchos empiezan a querer alcanzar el juguete que está un poco más alejado, avanzando a rastras cuando están boca abajo. Hay que dejar jugar al niño cuando esté despierto encima de una manta en el suelo y, más tarde, en el corralito o parque.

Una colcha guateada de algodón es lo ideal para que el niño haga sus primeros pinitos en el suelo.

Al principio su hijo investigará y estudiará entusiasmado la colcha de colores. Después ésta será su campo de acción para mejorar la técnica de gatear.

El corralito también tiene espacio suficiente para que el niño juegue (debe medir por lo menos 1,20 por 1,20 metros) y esté seguro si es demasiado atrevido cuando empiece a gatear y si usted tiene que dejarlo solo un momento. Además, los barrotes le facilitarán los primeros intentos de mantenerse en pie.

Lo que no debe hacer es dejar al niño siempre metido en el corralito, porque ya necesita mayor radio de acción y tener la posibilidad de investigar todo lo que hay a su alrededor. Por eso

SI EN EL SUELO DE LA CASA hay corriente de aire, ponga cojines alrededor de la colcha. El niño estará más cómodo y más seguro.

no es imprescindible la compra del corralito, sobre todo si usted se preocupa de que en la casa no haya nada al alcance del niño que pueda suponer un peligro (para él o para el objeto). Además los niños se dan cuenta enseguida de que los meten en el corralito cuando la madre o el padre no tienen tiempo para ellos. Puede ocurrir que su niño empiece a protestar a gritos cuando usted lo quiera «aparcar» allí.

Cómo ayudar al niño a sentarse

EL NIÑO APRENDE a sentarse solo; no hay que enseñarle.

Desde el séptimo mes, el niño empieza a hacer los primeros intentos de sentarse. Lo hace espontáneamente, usted no tiene que enseñarle a sentarse. Los pequeños se dan cuenta de que en esa posición perciben más de su entorno que si están acostados. Por eso querrán cada vez con más frecuencia que se los ponga en esa posición. Para mantener el equilibrio, el niño se inclinará hacia delante y se apoyará en las dos manos.

Pero todavía necesita sujeción (cojines) para mantenerse erguido, y además no debe estar mucho tiempo sentado (de cinco a diez minutos, como máximo). Para su evolución fisiológica es más importante ahora la forma de estar acostado y de gatear. Podrá estar sentado más tiempo cuando la musculatura esté suficientemente desarrollada.

Cómo mantener sanos los pies del niño

Muchos niños empiezan a dar sus primeros pasos a los once o doce meses; otros tardan más.

Ahora son los pies de su hijo los que merecen toda su atención y cuidado.

La regla de oro es que usted no pretenda que pase lo que no puede o no debe ser. Déjese guiar por las necesidades del niño, así no hará nada incorrecto ni exagerado.

Pies sanos desde el principio

Aproximadamente el 95 % de los niños viene al mundo con los pies sanos; las malformaciones se dan en casos contados. Sin embargo, uno de cada tres niños en edad escolar tiene problemas con los pies. Lo que ocasiona daño en los pies infantiles es, en la mayoría de los casos, un calzado inadecuado o que se les enseñe a caminar antes de que estén en condiciones de hacerlo.

Durante mucho tiempo ha prevalecido la idea de que, precisamente los niños que empiezan a andar, necesitan llevar zapatos para que el pie esté bien sujeto. Pero los huesos del niño son aún demasiado blandos y, ante cualquier impedimento, reaccionan con malformación y debilidad de los músculos. Un solo par de zapatos que no le estén bien no va a malformar el pie; pero la misma falta cometida una y otra vez ocasiona con el tiempo da-

SIEMPRE QUE SEA POSIBLE, los niños tienen que caminar descalzos.

Lo esencial para el buen desarrollo del pie infantil es la libertad de movimiento. Por eso se debe dejar a los bebés y a los niños pequeños moverse y jugar descalzos siempre que sea posible. Cuanto más muevan las piernas y los dedos del pie, encogiéndolos y estirándolos, tanto más se ejercitará la musculatura aunque estén acostados.

ños considerables. Y, cuando el niño crezca, éstos darán lugar a las más diversas afecciones. El dolor de espalda y las desviaciones de la columna vertebral son sólo algunas de las consecuencias que puede tener la malformación de los pies.

Si los padres fuerzan al niño a que se ponga de pie o camine pronto, existe el peligro de que el pie no soporte la carga prematura y se estropee, aplanándose o doblándose.

Las consecuencias son deformaciones como el pie valgo o el pie plano.

Calcetines

En verano, calcetines finos de algodón; en invierno, unos más gruesos y antideslizantes. Los calcetines tampoco deben ser demasiado pequeños ni estrechos.

Descalzo

Los pies no necesitan obligatoriamente zapatos para que el niño aprenda a caminar, la planta del pie es el medio más seguro y más saludable. Andar descalzo no le deforma el pie y le permite palpar directamente las diferentes superficies por donde se mueve, cosa muy importante para el sentido del tacto. Además, andar sobre una superficie rugosa o irregular puede ser como un masaje. Si hace demasiado frío para ir descalzo por la casa, bastará con ponerle calcetines de lana antideslizantes.

El calzado infantil

Por supuesto, no se los puede dejar sin calzado alguno. Para salir a la calle, pasear y cuando haga frío, los pies del niño necesitan protección. Al comprar un calzado al niño, hay que tener en cuenta varias cosas. Es importante controlar si el tamaño es adecuado porque, por regla general, los niños no se enteran si el zapato les aprieta o no.

- El calzado infantil debe ser, ante todo, cómodo, suave y flexible. El largo y ancho adecuados, y el espacio suficiente para los dedos son igualmente importantes. El zapato idóneo es siempre más largo que el pie: hay que dejarle holgura; que no es más que el espacio que debe quedar entre la punta de los dedos y la puntera del zapato. La anchura del zapato también es importante: si la zona delantera y la del empeine quedan anchas, el pie se desliza hacia delante al andar y queda comprimido. Está claro que el calzado demasiado estrecho es igualmente inapropiado.

- El pie del niño crece con rapidez –unos dos centímetros por año, es decir, tres números de calzado (la diferencia de un número a otro es de tres milímetros)–. Por eso es aconsejable medir con frecuencia el pie del niño (en la zapatería). No basta en absoluto comprobar si el tamaño es el adecuado sólo apretando las punteras. Si los pies no tienen la misma longitud, hay que regirse por el más largo.

- Se recomiendan los zapatos de piel porque dejan salir la humedad. El pie de un adulto segrega hasta ochenta gramos de sudor al día, y, como es natural, el pie del niño también suda. No es un lujo superfluo que tenga otros zapatos para cambiarse. La transpiración excesiva de los pies es señal de un calzado inadecuado: o es demasiado estrecho o el material no absorbe la humedad. Por eso hay que tener también cuidado con las botas de goma porque, con calcetines y si está lloviendo, cumplen su cometido, pero no deben dejarse puestas más tiempo del necesario.

- La suela del zapato puede ser de goma, de material sintético o de piel. Lo importante es que sea flexible y antideslizante.

PRECISAMENTE LOS PIECECITOS del lactante no deben calzarse con esos zapatos, a veces monísimos. Lo ideal para ellos son zapatitos de ante o de piel muy suave.

Cuidados que estimulan el desarrollo

Masajes para el bebé: beneficio para el cuerpo y el alma
Gimnasia: mantener el cuerpo flexible

Cuidados que estimulan el desarrollo

Masajes para el bebé: beneficio para el cuerpo y el alma

A todos los bebés les encanta sentir el contacto de unas manos cálidas que le den masaje y estimulen las ganas que tienen de moverse. El masaje al bebé es una dosis adicional de cuidado que puede dársele; no sólo estrecha los lazos emocionales, estimula también su desarrollo y su salud de forma simple y natural.

Los adultos tenemos claro lo bien que sienta un buen masaje. Para los niños pequeños las caricias suaves son igualmente un placer.

El masaje hecho a los bebés debe estar expresamente adaptado a la capacidad sensorial infantil. No resulta doloroso ni cansado para el niño sino muy agradable. Las técnicas de masaje aquí descritas son fáciles de aprender y de aplicar.

Los efectos saludables del masaje

A través de la piel se transmiten los efectos estimulantes del suave masaje, que provoca ciertas reacciones en el organismo:

LOS BEBÉS PREMATUROS necesitan una forma especial de masaje que incluye largos ratos de caricias. Estos bebés exigen, más aún que los nacidos a término, contacto y estímulo para desarrollarse.

- Relaja y estabiliza.
- Los bebés se calman, se sienten a gusto y pueden dormir más tiempo y con más profundidad.
- Estimula el riego sanguíneo.
- La manipulación cutánea estimula visiblemente el riego sanguíneo de la piel así como el de los órganos internos. El ritmo de la respiración se hace más sosegado y regular.
- Estimula el desarrollo y calma el dolor.

Con una manipulación especial se puede estimular también el desarrollo del aparato digestivo y reducir los cólicos, gases y problemas de digestión.

También sirve para calmar otros dolores como los derivados de la dentición o de un catarro.

Cómo prepararlo todo

Una vez al día se puede incluir el masaje o la gimnasia para el bebé dentro del programa de aseo, ya sea antes del baño, antes de acostarlo o, simplemente, en cualquier momento de la jornada, antes de cambiarle los pañales.

Cinco minutos de masaje y cinco de gimnasia son más que suficientes para aprovechar los efectos positivos de ambos métodos. Para que el bebé se beneficie de verdad debe usted tomarse muy en serio los siguientes consejos:

1. Tanto para la gimnasia como para el masaje, el niño tiene que estar encima de algo tibio y no demasiado blando. El vestidor con una manta encima le puede servir. Cuando el niño sea más grande, lo puede poner en el suelo, encima de una manta o cosa parecida suave y abrigada. Como el niño está desnudo, es mejor ser previsible y ponerle un pañal sin sujetar entre las piernas.
2. La habitación donde haga los ejercicios debe estar bien caldeada (entre 24 y 26 °C). Si el niño es aún muy pequeño, encienda el calefactor para que no se enfríe. En verano puede hacerlos al aire libre.
3. Procure tener las manos templadas antes de tocar al niño. Para entibiárselas puede lavárselas con agua caliente, secarlas y frotar una con otra con movimientos rápidos.
4. Si lleva sortijas, pulsera o reloj, quíteselos antes del masaje a fin de evitar lastimar al niño. Por la misma razón debe recortarse las uñas si las tiene largas.
5. Para el masaje se adquiere un aceite infantil o se utiliza el de fabricación casera a base de esencia de rosas y jojoba. Es importante calentar previamente un poco el aceite (al baño maría o encima de la calefacción). No unte demasiado aceite, no sólo para evitar el riesgo de que se le resbale el niño sino para no perder tacto en los dedos. Si alguna vez se le va la mano y echa demasiado, límpielo con un pañuelo de papel. Una cucharadita para la espalda y otra para la parte delantera son más que suficientes.
6. Prepare la ropita que le vaya a poner y, si es invierno, póngala encima de la calefacción. La ropa calentita después de los ejercicios es un verdadero placer, además de favorecer los efectos del masaje y mantenerlos más tiempo.

Cómo dar el masaje

Empiece por la parte delantera del cuerpo. El niño está boca arriba, puede tener contacto visual con usted y ver lo que hace con las manos. Hable con el niño mientras le da el masaje, comentándole lo que está haciendo: «Ahora te masajeo los brazos, las piernas…». Así le transmite sensación de seguridad y a la vez llama su atención.

La gimnasia sólo se puede hacer a partir de los tres meses; con el masaje puede empezar ya cuatro o seis semanas después del parto. No debe hacer ni lo uno ni lo otro cuando el niño acabe de alimentarse, cuando tenga fiebre o alguna infección.

Úntese un poco de aceite para masajear en las manos y proceda como se indica a continuación:

Tanto en el masaje como en la gimnasia debe evitar cualquier movimiento brusco o repentino; el niño puede asustarse fácilmente y reaccionar con convulsiones. Tampoco le fuerce nunca a realizar movimientos que no quiere hacer.

LOS MASAJES PUEDEN empezar cuatro o seis semanas despues del parto.

Ejercicio 1: la parte delantera

- Rodee con sus manos los pies del pequeño. Manténgalos un momento asidos y deslice después las manos a lo largo de las piernas (véase abajo), el vientre, el pecho, los hombros, los bra-

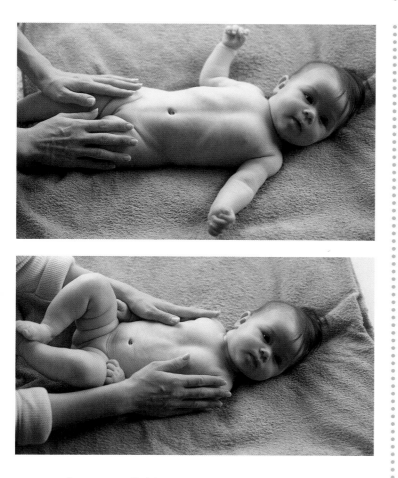

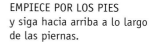

EMPIECE POR LOS PIES
y siga hacia arriba a lo largo
de las piernas.

DESLICE LAS MANOS HASTA
los hombros.

zos y las manos. Sujétele las manecitas cogidas y observe la
reacción del niño.

■ Suéltele las manos y, con movimientos suaves y continuos,
deslice las suyas a lo largo de las articulaciones del hombro y
los brazos. Ponga después las manos a ambos lados del cuerpecito y deslícelas hacia abajo por las caderas y la parte exterior de las piernas hasta los pies. Rodee de nuevo los pies con
sus manos durante unos momentos. Hable con su bebé. Seguro que se encuentra visiblemente a gusto (repetir tres veces).

Ejercicio 2: la parte anterior de los brazos

■ Coja con una mano una de las manos del bebé, de forma que
el brazo tenga sujeción. Con la otra acaricie con suavidad el
antebrazo y el brazo hasta la articulación del hombro. Después vuelva a deslizar la mano hacia abajo en un solo movi-

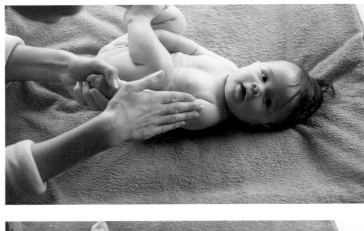

AL DAR EL MASAJE, presione levemente los músculos de los brazos.

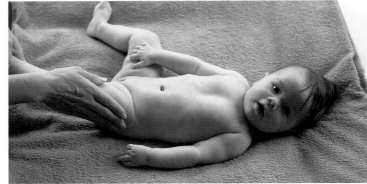

FRICCIONE TAMBIÉN las piernas con suavidad.

miento (repetir tres veces). En el siguiente movimiento hacia arriba, presione levemente los músculos del antebrazo y del brazo con la yema de los dedos. Con ese mismo movimiento, como si estuviera pellizcando con suavidad, suba hasta la articulación del hombro. Desde allí vuelva a deslizar la mano hacia abajo sin hacer presión alguna (repetir tres veces).
- Proceda de igual forma con el otro brazo del bebé.

Ejercicio 3: la parte anterior de las piernas
- El mismo masaje se puede aplicar a las piernas: coja con una mano un pie del bebé y acaricie con la otra la pierna y el muslo hasta la cadera. Deslice después la mano en un solo movimiento de vuelta hasta el pie (repetir tres veces). Vuelva a subir presionando levemente los músculos de la pierna y el muslo entre sus dedos. Desde la cadera, deslice de nuevo la mano hasta el pie (repetir tres veces).
- Proceda de igual forma con la otra pierna del niño.

Ejercicio 4: los pies

- Levante un poco una de las piernas del niño, cójale un pie y, con el pulgar en el talón y los otros dedos en el empeine, estírele el pie pasándolo entre su mano con suavidad desde el talón a los deditos.
- Sujete después el pie con una mano y con la otra doble y estire cada dedo. Presiónelos levemente entre el pulgar y el índice (repetir dos veces).
- Luego sujete el pie con las dos manos y coloque los dos pulgares en la planta del pie. Friccione toda la planta con movimientos circulares que van del centro a los bordes del pie y viceversa, de forma que éste se ensanche y dilate. Una vez que llegue al talón, deslice los pulgares por el centro hasta la base de los deditos y vuelva, con movimientos circulares, hasta el talón (repetir dos veces).
- Proceda de igual forma con el otro pie.

Cuando haya terminado con la parte delantera del bebé, déle la vuelta con cuidado y colóquelo boca abajo. Échese unas gotas de aceite en las manos, fróteselas y prosiga tal como se indica a continuación:

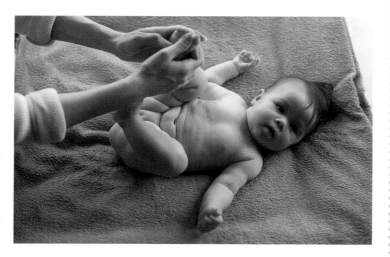

CADA DEDITO DEBE SER cuidadosamente tratado. No olvide pasar el meñique entre los dedos del niño.

Ejercicio 5: la parte posterior de las piernas

- Sujete con una mano la pierna del niño por el tobillo. Retírela un poco hacia fuera y, con la otra mano, acaricie de abajo hacia arriba la pierna y el muslo. Después deslice la mano hacia abajo (repetir tres veces).

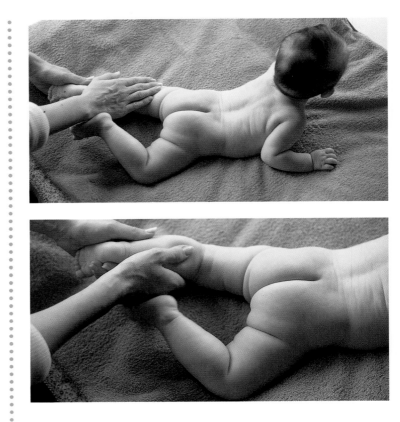

ACARICIE TODA LA PIERNA, de abajo a arriba.

PRESIONE SUAVEMENTE los músculos con los dedos.

- De nuevo hacia arriba, presione levemente los músculos con los dedos y vuelva a deslizar la mano hasta el pie (repetir dos veces).
- Proceda de igual forma con la otra pierna.

Ejercicio 6: la espalda y el culito

- Coloque las manos sobre las nalgas y, con una leve presión, vaya acariciándolo hacia arriba hasta los hombros.
- Rodee los hombros con las manos un segundo antes de deslizarlas de nuevo con suavidad hasta las nalgas por los costados (repetir tres veces). No deben separar las manos del cuerpo del bebé.
- Vuelva a colocar las manos sobre las nalgas y friccione suavemente el tejido muscular con la yema de los dedos.
- Para finalizar, coloque los pulgares a izquierda y derecha de la columna vertebral en su parte inferior. Cuide de no ponerlos en la misma columna sino en los músculos que corren paralelos a los dos lados. Describa pequeños círculos en el sen-

BAJE LAS MANOS DESDE
los hombros hasta las nalgas.

A TODOS LOS BEBÉS LES GUSTA
el masaje en las nalgas.

MASAJE A AMBOS LADOS
de la columna vertebral.

tido de las agujas del reloj, mientras avanza, milímetro a milímetro, a lo largo de la columna hasta la nuca. Después ponga las palmas de la mano sobre los hombros y deslícelas hacia abajo (repetir tres veces).

Masaje especial en caso de problemas gastrointestinales

Durante los tres primeros meses, muchos bebés suelen tener en mayor o menor grado molestias gastrointestinales (normalmente flatulencia, cólicos y dolor de vientre). Y, más tarde, también pueden aparecer trastornos digestivos como estreñimiento y flatulencia. Los síntomas del niño si tiene gases o cólicos, son el llanto, el cuerpo tenso, la barriguita hinchada y dura. Además, encoge las rodillas, aunque algunos bebés las estiran y tienen todo el cuerpo rígido.

En todo estos casos sirve de ayuda un suave masaje en la barriguita; tranquiliza y hace que los gases despejen el intestino de forma natural. Para reforzar el efecto puede utilizar un aceite de masaje especial con propiedades carminativas (contra los gases) y calmantes.

Qué hacer contra el flato

El bebé está acostado boca arriba delante de usted. Póngase unas gotas de aceite para masaje, previamente calentado en la palma de las manos, y proceda como se indica a continuación:

ACEITE DE MASAJE CONTRA GASES Y CÓLICOS
30 ml de aceite de almendras dulces
1 gota de esencia de manzanilla
1 gota de esencia de hinojo
Añada las dos gotas de esencia de manzanilla e hinojo a la de almendra, que puede comprar en la farmacia en frasco de cristal oscuro. Cierre el frasco y agítelo bien.

- Ponga una mano en el costado, a la altura de la cadera del bebé. Coloque la otra mano encima de la barriguita y comience a acariciarla con movimientos lentos y circulares en el sentido de las agujas del reloj (durante un minuto).
- Después del masaje en el vientre, coja en sus manos los pies del niño, flexiónele las rodillas un poco y empuje las piernas, con mucho cuidado, en dirección a la barriguita. Sostenga las piernas unos cinco segundos en esa posición y vuelva a extenderlas (repetir tres veces). De esta forma puede salir el aire del intestino.
- Para terminar, después del masaje póngale al niño una compresa caliente: necesita un litro de infusión de manzanilla caliente con la cual empapará un pañal de tela. Escurra después el pañal y póngalo con cuidado sobre la barriguita del niño.

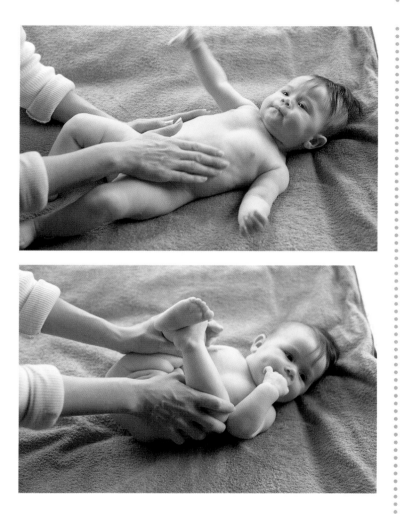

CON LAS MANOS SECAS, calientes y un poco de práctica, las caricias pueden conseguir que el aparato digestivo se libere del exceso de gases.

ASÍ PODRÁN SALIR los gases.

Póngale una toalla suave previamente calentada. Si el niño está cansado, puede acostarlo así. Si se queda despierto, envuélvalo en una manta y cójalo en brazos. Al cabo de veinte minutos puede quitarle la compresa.

Gimnasia: mantener el cuerpo flexible

Todos los bebés y niños pequeños tienen una necesidad instintiva de moverse. La gimnasia para bebés es un método expresamente adaptado al potencial locomotriz del pequeño cuerpo y utiliza ese potencial para mantenerlo flexible y fortalecer su musculatura.

Efectos benéficos de la gimnasia para bebés

Los movimientos selectivos de esta gimnasia permiten aplicarla en cualquier fase del desarrollo del niño y lograr que esté sano y fuerte gracias a sus efectos que incitan y estimulan el desarrollo.

Mediante los ejercicios de gimnasia no sólo se fomenta, a modo de juego, la necesidad de movimiento del niño. Los bebés con quienes se empieza pronto a hacer gimnasia, desarrollan también una sensación positiva en el cuerpo, que les dará mayor seguridad en la coordinación de movimientos cuando aprendan a asir, gatear, sentarse, ponerse de pie y andar. Además es un entretenimiento que hará feliz a su hijo, fortalece el cuerpo y previene deformaciones.

Todo niño que viene al mundo sano tiene un cuerpo ágil con músculos y articulaciones flexibles. El ejercicio hecho con regularidad contribuye a fortalecer la musculatura y a mantener su agilidad. Además constituye un método muy efectivo para prevenir posturas viciosas de la columna y sus consecuentes lesiones.

Cómo dar la vuelta al bebé

El niño está ligero de ropa o desnudo (póngale un pañal debajo), boca arriba encima del vestidor. Si lo pone en el suelo, arrodíllese delante de él.

Ejercicio 1: los brazos
Fortalece la musculatura de los brazos y los hombros.

- Haga que le coja los pulgares con las manitas y rodee con los otros dedos las muñecas.
- Flexione y estire los bracitos alternativamente, despacio y cuidadosamente: uno de los brazos queda doblado sobre el pecho del niño, el otro está estirado (repetir cinco veces con cada brazo).
- Extiéndale los brazos hacia los lados y quédese en esa posición tres segundos. Después crúceselos sobre el pecho y manténgalos así otros tres segundos.

Si durante el ejercicio habla con el niño y le explica lo que está haciendo («abre los bracitos, cruza los bracitos»), seguro que se pone contento (repetir cinco veces).

EL MOVIMIENTO FORTALECE
los brazos y le gusta al bebé.

FLEXIONE LOS DOS BRAZOS
de forma alternativa.

CANTE CUANDO HAGA ESTE
ejercicio y abra y cierre
los bracitos al ritmo
de la canción.

DOBLE A LA VEZ
los dos brazos del bebé.

Ejercicio 2: parte anterior de las piernas

Fortalece la musculatura de piernas, caderas y vientre.

- Sujete con cuidado las piernas del bebé. Seguramente empezará a patalear acto seguido. Aproveche ese movimiento flexionándole y estirándole alternativamente las piernas (repetir diez veces).
- Estírele las dos piernas y súbalas con cuidado hacia el cuerpo. Después las vuelve a bajar hasta el suelo (repetir cinco veces).
- Levante de nuevo las dos piernas y llévelas al lado izquierdo hasta que la cadera también se mueva hacia ese lado. Haga el mismo movimiento hacia el lado derecho (repetir tres veces).
- Flexiónele un poco las piernas de forma que las rodillas queden separadas y las plantas de los pies juntas. Dé unas «palmadas» con los pies. Si ve que al niño le gusta, puede repetir el ejercicio tres veces.
- Con los pies juntos y muy despacio, súbale las piernas pegadas al cuerpo hasta llegar a la cara. Evite cualquier movimiento brusco que pueda asustar al niño e impedir que haga el ejercicio.

Mantenga esta posición unos dos segundos y vuelva a bajar muy despacio las piernas a lo largo del cuerpo (repetir tres veces).

En cuanto tenga edad para hacerlo, el niño intentará coger uno de los pies y metérselo en la boca. En ese caso, suéltele las pier-

FLEXIONE LAS PIERNAS
del bebé con suavidad
y de manera alternativa.

SUBA Y BAJE LAS
piernas cinco veces.

JUNTE LAS PIERNAS
y llévelas tres veces
hacia cada lado.

SEPARE LAS RODILLAS
y junte las plantas
de los pies.

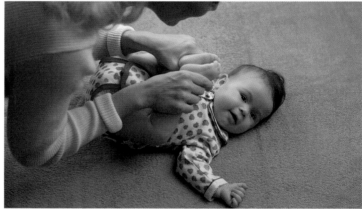

SUBA LOS PIES
juntos hacia la cara,
muy despacio.

nas y sujételo por las caderas a fin de que el niño pueda disfrutar del juego.

Ejercicio 3: los pies

Fortalece la musculatura de las piernas y los pies.

- Coloque una mano por debajo de la pierna del pequeño y sujétela rodeando el tobillo. Con la otra mano sujete, con el pulgar debajo, los dedos del pie, doble el pie suavemente hacia arriba y luego hacia abajo (repetir tres veces con cada pie).
- Sostenga con una mano la pierna del niño y con el dedo índice haga una leve presión en la planta del pie. El bebé reaccionará con el reflejo de aprehensión: los dedos se cierran como si quisiera agarrarse con ellos.

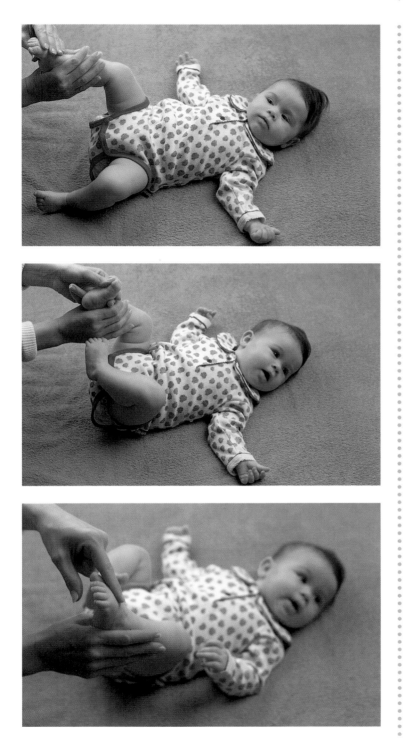

DOBLE EL PIE HACIA ARRIBA
y hacia abajo con suavidad.

UNA LEVE PRESIÓN
en la planta del pie provoca
el reflejo de aprehensión.

UNA LEVE PRESIÓN
en el empeine provoca
el reflejo de distensión.

■ Presione el empeine con el índice y los dedos se extenderán en un acto reflejo. Repita los dos ejercicios tres veces en cada pie.

Para hacer los ejercicios siguientes ponga al bebé boca abajo.

Ejercicio 4: parte posterior del tórax

Estos ejercicios fortalecen la musculatura de espalda, nalgas y vientre, fortalecimiento importante para gatear y ponerse de pie.

■ El niño está boca abajo y con la cabeza levantada. Cójale los brazos y levántelos a la vez hasta que el pecho quede un poco separado del suelo. Manténgalo unos momentos en esa posición y vuelva luego a la inicial (repetir tres veces).

■ Sujétele las piernas estiradas y levántelas despacio unos centímetros. Mantenga unos momentos la posición y vuelva a bajarlas (repetir tres veces).

EN ESTE EJERCICIO BASTA con levantarlo unos pocos centímetros.

LEVANTE LAS PIERNAS estiradas muy lentamente.

■ Puede reforzar los dos ejercicios precedentes si le levanta más las piernas, de forma que el niño tenga que apoyarse en las manos. Si el niño ya es mayor, intentará avanzar sobre ellas. Anímele a hacerlo pero procure tenerle bien sujeto.

Ejercicio 5: parte anterior de las piernas

Estos ejercicios fortalecen la musculatura de las piernas, fortalecimiento importante para gatear, ponerse de pie y andar.

■ Coja el pie del niño con una mano mientras con la otra sujeta el cuerpo por la cadera. Flexione la pierna que tiene cogida, llevando el pie hacia arriba hasta que el talón dé con la nalga. Mantenga la posición unos segundos y vuelva a bajar el pie (repetir tres veces con cada pierna).

■ Flexione las dos piernas a la vez, hasta que los dos pies estén sobre las nalgas y manténgalos unos segundos (repetir tres veces).

CUANDO PRESIONE
el pie contra el culito, sujete siempre la cadera del lado opuesto.

FLEXIONE LAS PIERNAS
sólo hasta el punto que al niño le resulte agradable.

Para que su bebé se sienta a gusto

El ritmo de sueño y vigilia
Las nanas
El descanso y las salidas
Un cuarto que estimule los sentidos
Juguetes: el placer de aprender
Seguridad para el paseo y los viajes

Para que su bebé se sienta a gusto

El ritmo de sueño y vigilia

El cuidado del niño implica también prestar la debida atención a sus fases de sueño. Sobre todo al principio, muchos padres se preguntan si es «normal» que su hijo duerma tanto durante el día, tan poco de noche. O por qué cambia constantemente su ritmo de sueño.

«Los bebés crecen a fuerza de dormir», ha sido una creencia de muchas generaciones de padres, que, por supuesto, no concuerda exactamente con la realidad. Desde luego los recién nacidos necesitan muchas horas de sueño, pero cuántas es decisión del niño. Conforme crecen se acortan las fases de sueño y se alargan

A MEDIDA QUE EL BEBÉ crece, necesita menos horas diarias de sueño.

Promedio de horas que duermen los bebés (interrumpidas por los períodos de vigilia):

- 14-19 horas primer y segundo mes.

- 13-18 horas tercer y cuarto mes.

- 13-16 horas quinto y sexto mes.

- 12-15 horas séptimo y octavo mes.

- 12-14 horas noveno hasta duodécimo mes.

las de vigilia. No existen unas pautas generales. Hay niños dormilones y otros que duermen sólo lo imprescindible.

En lo que al ritmo se refiere, tampoco se puede generalizar: los recién nacidos no distinguen entre el día y la noche. Algunos duermen la noche entera de un tirón con el consiguiente descanso de los padres; otros convierten la noche en día de forma que los nervios de los padres están a flor de piel por falta de sueño.

Durante los primeros seis meses, los bebés suelen despertarse a intervalos de entre dos y cuatro horas para comer. Poco a poco se van amoldando al ciclo natural del día y la noche.

Las investigaciones han demostrado que ese ritmo natural, como les ocurre a los adultos, se adquiere a lo largo del cuarto o quinto mes de vida. Sería una tontería, e incluso perjudicial, querer acostumbrar al niño a un horario determinado, puesto que cada uno tiene su propio reloj interno.

EL RECIÉN NACIDO no distingue entre el día y la noche.

Cómo ayudar al niño a que se duerma

No hay recetas. Mientras algunos bebés son capaces de dormir en cualquier situación sin ningún problema, hay otros que no pueden relajarse y necesitan un ritual previo para dormirse.

- Durante los primeros meses suelen ser de gran ayuda los movimientos de balanceo y tararear o cantar una canción de cuna. Siéntese cómodamente y acurruque al niño contra su cuerpo. Su calor corporal, la tenue luz del entorno, los movimientos de vaivén y el tarareo de su voz son el calmante perfecto para el niño. También puede pasear por la habitación si no quiere quedarse sentada. El paso lento y uniforme tiene el mismo efecto adormecedor que si lo mece.

- Algunos bebés se duermen mejor, sobre todo al principio, cuando tienen la cabeza o los pies rozando el lado correspondiente de la cuna, que debe estar convenientemente acolchado. Esta postura les transmite la misma sensación de seguridad que el vientre materno.

- Otro método garantizado, aunque algo incómodo y poco común, es dar un paseo al niño en automóvil o en el cochecito hasta que se duerma. Muchos padres ven en ese paseo el último recurso cuando todos los métodos «normales» –acunarlo, cogerlo o pasearlo en brazos– han fracasado.

UN BAÑO RELAJANTE siempre ayuda al niño a dormirse.

- Un baño relajante antes de acostarlo por las noches puede ser también de gran ayuda. Los bebés disfrutan flotando en el agua, se relajan con el calor y se quedan dormidos en cuanto se los pone en la cuna. Sin embargo, algunos, en lugar de amodorrarse, se despabilan jugando en el agua. Por eso es usted quien debe comprobar cómo reacciona el niño si lo baña antes de acostarlo.

- Los niños muy pequeños concilian mejor el sueño si tienen al lado una mantita, un pañuelo o cualquier otra prenda que tenga el olor de la madre. Esto se ha comprobado en estudios llevados a cabo sobre el tema. Un método efectivo y fácil de poner en práctica: sólo tiene que dormir usted misma un par de noches con la manta que le vaya a poner. Lo mismo puede hacer con la gasa o el pañal de tela que le ponga en la cabecera de la cuna.

- También puede recurrir a los colores que, como en los adultos, influyen en el bebé: el rosa o los tonos rojos suaves, entre otros, tienen un efecto relajante para él; quizá porque le recuerdan el destello rojizo del vientre materno. Por ejemplo, puede pintar el cuarto del niño en suaves tonos rojos, colgar cortinas rosas o poner en las barandillas de la cuna telas de esos colores.

- La luz juega un papel muy importante para que el niño pueda establecer la diferencia entre el día y la noche. Los expertos aconsejan sacar al niño a pasear al menos media hora todos los días. Así reciben su dosis de aire (con lo cual duermen mejor) y de sol. Durante el día, deje que el niño duerma con luz (no oscurezca la habitación). Si es posible, hágalo dormir al aire libre.

- A partir del sexto mes hasta que tienen edad de ir a la guardería, a todos los niños pequeños les encantan los pequeños rituales para acostarse: escuchar un juguete musical, acostar a sus muñecos, escuchar un cuento, cantar una nana o rezar una oración.

Las nanas

Canción de cuna

Duerme ya, ah, ah, ah...
Niño duerme, duerme ya,
velo por ti.
Niño duerme, duerme ya,
que vigila mi amor.
Reposa, mi bien,
hasta la mañana estival,
que te despertarás
con un rayo de sol.

Niño duerme, duerme ya,
que entre flores descansas.
Niño duerme, duerme ya,
que amanezcas feliz.

JOHANNES BRAHMS

Nanas de la cebolla

En la cuna del hambre mi niño estaba.
Con sangre de cebolla
se amamantaba.
Pero tu sangre escarchaba de azúcar,
cebolla y hambre.

Una mujer morena,
resuelta en luna,
se derrama hilo a hilo
sobre la cuna.

Ríete, niño,
que te tragas la luna
cuando es preciso.

Alondra de mi casa,
ríete mucho.

Es tu risa en los ojos
la luz del mundo.
Ríete tanto
que en el alma, al oírte,
bata el espacio.

Letra de MIGUEL HERNÁNDEZ,
música de JOAN MANUEL SERRAT

Canción de cuna

Este nene pequeño no tiene cuna,
no tiene cuna, sí, no tiene cuna, no,
no tiene cuna.
Su papá es carpintero y le hará una,
y le hará una, sí y le hará una, no,
y le hará una...

NANA POPULAR ESPAÑOLA

Drumi, negrita

Mamá a la negrita se le salen lo' pie' 'e la cunita,
y la negra Mercé, ya no sabe qué hacé'.
Tú drumi, negrita, que yo vo' a compra' nueva cunita,
que va a tené' cabidé' [z},
que va a tené' que cabé'...

Si tu drumi yo te traigo un mamey mu colorau,
y si no drumi yo te traigo un Babalau,
que da pau pau.
Tú drumi, negrita, que yo vo' a comprá' nueva cunita,
que va a tené' cabidé', que va a tené' que cabé'...

NANA MURCIANA

Si el papou del niñou...

El papou del niñou se fue para Uviedou,
vinou el viento en contra y lo tornó luego...
Si el papou del niñou no hubiera venidou,
tú, vidita mía, dormirías cunmigou...
A la rurrurrú, que te duermas tú...
Paloumita que vas a deshoura,
ya está el papou en casa del niñou que lloura...

Ahoura sí, ahoura nou...
Nou llames a la puerta, nou entres ahoura,
ya está el papou el casa
del niñou que lloura...
A la rurrurrú, que te duermas tú...

NANA POPULAR ASTURIANA

ES MUY IMPORTANTE
adaptar el horario de sueño
del bebé con el de los padres.

El descanso y las salidas

Además del ritmo de sueño del bebé es importante que usted aprenda a reconocer cuándo necesita que lo dejen tranquilo y cuándo hay que entretenerlo.

Muchos padres se preguntarán si salir con el recién nacido, o más tarde con el bebé mayorcito, no es contraproducente para el niño. Está claro que no conviene llevarlo de juerga, pero tampoco le molestan las impresiones nuevas, los ruidos y las voces extrañas, siempre que no se exagere. Depende, sin embargo, de la etapa evolutiva en la cual se encuentre. Conviene saber y tener en cuenta los siguientes puntos:

SI ES POSIBLE, las salidas del bebé deben hacerse coincidir con las horas en que está despierto.

- Durante las primeras seis semanas al niño le molesta poco lo que ocurre a su alrededor. Pueden llevarlo tranquilamente si van a cenar a un restaurante o a casa de amigos. La mayoría del tiempo dormirá como un bendito en brazos de la madre, el chal o la mochila portabebés. Solamente los cambios bruscos del nivel de ruido pueden sobresaltarlo.
- A partir de la sexta semana hay que tener un poco más de cuidado porque el niño ya percibe muchas cosas, pero no es capaz de ordenarlas mentalmente. Se pondrá nervioso si lo saca con frecuencia del entorno conocido o si hay demasiadas caras y voces nuevas.
- A los cuatro o cinco meses, aproximadamente, finaliza esta delicada fase. Entretanto el niño ha aprendido que las impresiones nuevas le llegan a través de las personas que lo cuidan. Si usted está a su lado, el bebé observará con gran interés y aceptará cualquier novedad. El estrecho lazo emocional es su defensa contra toda perturbación exterior.

Con el tiempo descubrirá usted misma cuándo necesita dormir su bebé. Debe hacerlo siempre en casa, que es dónde más relajado estará. Dentro de lo posible debe, por tanto, planear todas sus citas, visitas al médico, compras, etcétera, haciéndolas coincidir con el tiempo en que el niño está despierto.

Aire y sol

Todos los bebés necesitan aire libre en abundancia y luz solar indirecta para crecer sanos y fuertes. Ambas cosas estimulan la función respiratoria, la formación de vitamina D, la circulación y el metabolismo. Además el sistema inmunológico infantil funciona mejor si el niño pasa mucho tiempo al aire libre. También se estimula, de forma natural, la regulación de las fases de sueño y vigilia porque el cerebro aprende antes a diferenciar la noche del día. Por todas estas razones es recomendable que saque a la calle al pequeño con la mayor frecuencia posible o lo deje, bien protegido, en el balcón o en la terraza.

EL AIRE LIBRE Y LA LUZ SOLAR indirecta tienen muchos beneficios para los bebés.

Lo que debe tener en cuenta para salir con el bebé

- Al recién nacido no puede sacarlo si hace mal tiempo. Para los primeros paseos después del parto conviene que no haga viento ni demasiado frío.
- Cuando pasen algunas semanas el niño estará más «curtido», aunque se deben evitar las condiciones climatológicas extremas como tormentas, nieblas, heladas o calor exagerado.
- Para las excursiones en invierno debe abrigar al niño como corresponde. Recostado en su piel de cordero y tapado con un plumón se encontrará muy a gusto y abrigado. También hay que ponerle manoplas, calcetines gruesos y un gorro de lana. Si lo lleva en el chal o en la mochila portabebés tendrá, además, el calor de su cuerpo.
- Más agradables son las salidas en verano, con poca ropa o desnudo, de modo que le dé el aire en la piel. Pero también tiene que cambiarle la ropa a tiempo si suda mucho; de lo contrario, se le pega al cuerpo y la menor corriente puede resfriarlo. Para saber si el niño tiene poca o demasiada ropa hay que tocarle la nuca con la mano: si la piel está seca o sólo un poco húmeda, lo puede dejar como está.
- Una regla general: ponga al niño una prenda más de lo que para usted misma resulta agradable.
- Un sombrero o gorra de algodón con visera le viene muy bien al niño para protegerle del sol los ojos todavía muy sensibles.
- A los niños menores de un año no debe darles el sol directamente. La piel del bebé todavía no produce la pigmentación

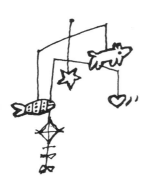

protectora y los rayos solares pueden causar fácilmente que-maduras y fiebre.

SIEMPRE QUE EL TIEMPO lo permita es bueno que el niño esté al aire libre, con la debida protección del sol.

Cómo disfrutar del sol sin peligro

Tanto para los adultos como para los niños es bueno tomar el sol siempre y cuando se haga con moderación. En verano los niños suelen pasar gran parte del día jugando al aire libre y hay que protegerlos convenientemente de los agresivos rayos sola-res; ropa ligera y un buen protector solar son las mejores pre-cauciones.

- Cuando escoja el índice de protección de la crema es decisivo considerar el tipo de piel del niño y la intensidad de la luz solar: ésta aumenta con la altura y la cercanía al ecuador, y sus efectos serán tanto mayores cuánto más clara sea la piel del niño. La nieve, la arena y el agua aumentan los efectos. En la playa es donde son más intensos.
- Aunque esté nublado hay que protegerlo del sol.
- La ropa no protege por completo de los rayos solares. El algodón, por ejemplo, deja pasar un 10% de las radiaciones y, si está mojado, el 20%.
- También a la sombra debe utilizar crema protectora.
- Sobre todo a mediodía, entre las 11 y las 15, debe estar a la sombra o quedarse en casa.

Un cuarto que estimule los sentidos

Los sentidos del niño están activos desde el principio y, por eso, cuando le prepare el cuarto, no debe pensar solamente en los objetos prácticos sino también en colocar otros de formas y colores atrayentes porque la percepción sensorial del niño influye en todo su desarrollo.

Los siguientes consejos y recomendaciones le ayudarán a hacer del cuarto de su hijo un lugar animado y acogedor, a la vez que práctico.

LA DECORACIÓN
de la habitación infantil
ha de ser alegre y estimular
los sentidos.

El color del cuarto

Precisamente al escoger dibujos y colores debe usted, antes que nada, adaptarse a las necesidades del niño. Conviene saber, en caso de que empapele la pared, que los dibujos muy grandes pueden asustar al niño; el exceso de colorines también puede ser exagerado para sus sentidos. Se puede pintar la pared con un rosa claro, un rojo muy tenue o un color melocotón. Esos colores tienen efectos tranquilizantes. También son adecuados los colores que se dan en la naturaleza: amarillo, celeste o verde. Como estímulo sensorial debe poner algunos adornos, las cortinas por ejemplo, con los colores primarios: amarillo, azul y rojo.

Estímulos visuales

Para el desarrollo de la capacidad visual son siempre positivos los adornos de colores que atraigan la vista del niño: un móvil o una marioneta por encima del vestidor y de la cuna; un cuadro en la pared lisa.

El niño se puede concentrar así en un objeto que atraiga su interés, cosa que no podrá hacer si los hay en exceso. Es mucho más importante atender a las necesidades del niño que llevar a la realidad la idea de los padres en cuanto a cómo debe ser un cuarto infantil alegre y colorido.

Materiales naturales

LOS MATERIALES NATURALES son más agradables al tacto y no hay que preocuparse por su posible toxicidad.

Procure utilizar materiales naturales en el cuarto del niño. Nos referimos tanto al suelo como a los muebles. Cuando sea un poco mayor, el niño lo va a investigar todo con la boca, las manos y los pies; va a percibir su entorno con el cuerpo entero. Y cuanto más naturales sean los materiales que su hijo examine con los labios y la lengua, tanto más agradables serán las sensaciones que tenga. Además, se evitará la preocupación sobre su posible toxicidad.

- Tanto los barnices y las pinturas de los muebles como de las paredes deben estar exentas de sustancias peligrosas. Casi todos los fabricantes ofrecen información sobre los componentes de sus productos.
- Todo el mobiliario, incluida la cuna, ha de ser de madera. Los muebles deben tener las esquinas redondeadas para que el pequeño no se haga daño cuando empiece a moverse solo.

El suelo debe ser cálido, fácil de limpiar, de materiales naturales y capaz de amortiguar golpes y caídas porque va a ser el sitio preferido para jugar. Un suelo de madera con alfombras sueltas de algodón o de lana sería lo ideal. Si se decide por la moqueta, asegúrese de que sea de fibra natural. La parte inferior debe ser de caucho o de yute, aunque no sea garantía de no toxicidad. Las fibras naturales también están tratadas con productos químicos. No se recomienda el pavimento de materiales sintéticos porque la mayoría de ellos no es reciclable. Son recomendables el linóleo y el corcho, pero antes hay que asegurarse de que no estén tratados con resinas sintéticas o con PVC. Exija expresamente productos que no estén tratados con PVC; al comprarlos, lea las indicaciones del fabricante. El suelo de cerámica es el más fácil de limpiar, pero también el más peligroso en caso de caídas. Por otro lado es demasiado frío para los pies infantiles.

EL SUELO IDEAL es el de madera con alfombras sueltas de algodón o de lana.

Luz y calor

La temperatura ideal en el cuarto es de 21 °C para los recién nacidos. De noche puede bajar a 15°. A los mayorcitos les basta la temperatura que haya en el resto de la casa. La calefacción también reseca el aire: para que al bebé no se le sequen demasiado las mucosas debe poner sobre la calefacción un recipiente con agua que humedezca el ambiente. La iluminación ideal se obtiene con una lámpara que tenga regulador de intensidad.

Juguetes: el placer de aprender

Los juguetes del bebé son alimento para los sentidos: colores, formas, materiales y ruidos llaman su atención, estimulan la percepción visual y lo incitan a asir y a tocar. Por eso los juguetes apropiados son una especie de aliciente sensorial, que el bebé necesita para un desarrollo sano y equilibrado. Pero el juego es también siempre aprendizaje: qué textura tienen las cosas, cómo coordinar los ojos y la mano para que el objeto deseado se pueda tocar, coger y examinar con la boca. Por eso no es un fin en sí mismo ni un simple pasatiempo, sino una tarea laboriosa por medio de la cual desarrolla sus facultades y descubre cuanto lo rodea.

El primer juguete
(1° y 2° mes)

Al principio no necesita ningún juguete especial. La persona que lo cuida es su principal «juguete»: en su cara lee el recién nacido historias; de sus manos y su cuerpo recibe dulces sensaciones táctiles; su olor despierta sentimientos y su voz lo tranquiliza.

A partir del segundo mes ya percibe mejor los objetos que están cerca de él y se mueven.

Móviles colgados por encima de donde le cambia los pañales o globos de colores sujetos a la cuna son los primeros juguetes con los cuales puede estimular la percepción visual del bebé. Evite los dibujos demasiado inquietantes y los juguetes con piezas pequeñas.

Juguetes para descubrir y tocar
(3° al 5° mes)

En el mercado hay bastante material lúdico interesante, muy adecuado para estimular las ganas de descubrir y coger cosas, que es lo importante. Si quiere atraer la atención del niño debe darle juguetes de distinta forma, color y textura. Para empezar, bastarán tres piezas que él pueda asir para causarle placer, tanto visual como táctil; por ejemplo, un sonajero de plástico, un muñeco de peluche y un juguetito de madera. Con estos primeros juguetes el niño puede hacer una serie de experiencias y, posiblemente, haga de uno de ellos su preferido porque tiene un tacto agradable, co-

A TRAVÉS DE LOS JUGUETES, los bebés van descubriendo el mundo.

lores muy vivos y además hace ruido. Más tarde el niño necesita juguetes para perfeccionar el control de las manos.

Juguetes colgantes

Si cuelga un peluche o unas sonajas de forma que el niño pueda alcanzarlos, intentará golpearlos, que es la primera fase para aprender a asir. En cuanto lo golpee, el juguete empezará a balancearse y puede convertirse en un juego fascinante, que el pequeño repetirá una y otra vez con la mayor concentración. No sólo le dará con las manos sino que intentará hacerlo también con los pies.

LOS JUGUETES SON UNA enorme fuente de estímulos: colores, formas, materiales y sonidos distintos.

La cuerda-balancín

Después de un tiempo, los objetos colgantes habrán cumplido su cometido porque el bebé no sólo querrá golpear sino también asir y sujetar. Se frustrará cuando, tras varios intentos, no lo consiga. Hay que escoger entonces un juguete que también cuelgue, pero que él pueda asir. El ideal es una cuerda balancín, con diferentes sonajas, bolas y anillos ensartados, que va de un lado al otro de la cuna.

Si observa al niño cuando esté jugando con la cuerda, verá que pasa mucho tiempo estirando los bracitos hasta tocar los objetos ensartados y asirlos. Hasta es posible que algún día se sujete a ellos para levantarse. Por eso debe fijar la cuerda de forma que esté tensa y aguante el peso del niño.

El espejo para el bebé

Un espejo especial que puede colocar en la cuna es igualmente fascinante para el niño: se entretendrá observando su cara, riendo y haciendo carantoñas con asombrosa concentración. No utilice espejos corrientes, fáciles de romper.

Juguetes con música

A todos los bebés les encantan los juguetes vistosos con música. Colgados en la cuna, el sonido tranquilizador puede ser una ayuda para que el niño se duerma. En un momento dado será él mismo capaz de tirar de la cuerda para escuchar la música.

Juguetes para palpar, asir y oír (6° al 8° mes)

En esta etapa el niño hace otra vez una serie de adelantos en su desarrollo. En los primeros seis meses emplea mucho tiempo para captar y comprender que las manos son parte de él, que siempre están ahí y que las puede extender cuando quiera para coger el objeto deseado.

Ahora empieza a perfeccionar estas habilidades: al desarrollarse más el sentido del tacto, el niño aprende a controlar mejor las manos y a mover los dedos por separado. Con el material lúdico correspondiente puede usted también ayudarle a progresar.

A PARTIR DE LOS SEIS MESES el niño empieza a desarrollar su habilidad manual.

- Aunque la oferta en juguetes interesantes es francamente tentadora, los bebés no necesitan montones de ellos. Muchos juguetes juntos son demasiados estímulos sensoriales que lo confunden y le impiden concentrarse en uno. También aquí es válido el lema de que «menos puede ser más».
- Cuando su hijo esté aprendiendo a agarrar, no debe ponerle todas las cosas en la mano sino dejarlo también que las coja solo. Aunque los primeros intentos sean bastante torpes debe usted ser paciente y dejar que el niño haga lo necesario: probar una y otra vez.

Bolsas con contenido

Para que el niño desarrolle el sentido del tacto no es necesario darle siempre juguetes del mercado. Usted misma puede confeccionar objetos perfectamente aptos para este menester. Por ejemplo, hágale almohadillas pequeñas, que él pueda manipular, rellenar de distintas cosas: arroz, guisantes o bolitas pequeñas. El relleno debe ser suficientemente flexible como para acoplarse a las manos del niño. Manipularlas le permiten ejercitar el tacto y el oído.

Estropajos

Un estropajo nuevo de plástico con un cascabel es un juguete para oír y tocar bien sencillo, muy atractivo para el niño.

Collar de cuentas de madera

Un collar de cuentas de madera, grandes y de colores animará al niño a tocarlas y cogerlas. Además de los diferentes colores pueden tener diferentes formas (redondas, ovaladas, cuadradas, etcétera). Ensártelas en un cordón resistente y átelo bien. Asegúrese también de que la madera sea de calidad y no tenga productos tóxicos.

Juguetes para el suelo

En cuanto empiece a gatear, el pequeño se divertirá con toda clase de objetos que rueden. Pueden ser pelotas de colores, de tela o de plástico, o bolas de plástico transparente que tienen agua o muñequitos. También son recomendables juguetes con ruedas.

Juguetes para investigar y aprender (9° al 12° mes)

Junto con la capacidad de movimiento del niño aumenta el placer por descubrir su entorno. Sean o no juguetes, él examinará detenidamente todos los objetos que encuentre en su camino. Y ahora da un nuevo paso importante en el desarrollo de sus habilidades manuales: recogerá las migajas, las motas de polvo o cualquier cosa de tamaño parecido con los dos deditos, pulgar e índice. Para esta fase también encontrará juguetes adecuados.

Libros infantiles

Le gustarán los libros pequeños, de tapas duras y con muchas ilustraciones sencillas.

LIBROS, TACOS de construcción, muñequitos y juguetes de plástico no deben faltar en la caja de los juguetes.

Tacos de madera o plástico

Tacos de construcción de diferentes formas y colores, de plástico o de madera, estimularán la habilidad manual del niño.

Instrumentos musicales

Un tambor, una pandereta o un xilófono de material resistente son instrumentos adecuados para que el niño haga sus primeros pinitos en el terreno musical.

Juguetes para el agua y la arena

Patos, peces, barquitos o simplemente vasos de yogur vacíos son juguetes muy apreciados cuando está en el agua. Para jugar en la arena debe contar con el equipo imprescindible de cubo, pala y algunos moldes.

Juguetes para andar

En cuanto el niño se sostenga de pie son apropiados los juguetes que tengan ruedas y él pueda empujar o arrastrar tras de sí con una cuerda.

Seguridad para el paseo y los viajes

Si cuenta con cochecito, silla de paseo y asiento para el coche no tiene por qué perder movilidad. Hay tantos modelos en el mercado que, a veces, no se sabe cuál es el mejor, cuál realmente necesario y cuál superfluo e incluso peligroso. Más que por la vista debe guiarse por la comodidad y seguridad del niño. Para facilitarle la elección le damos algunos datos sobre los modelos más conocidos, sus ventajas e inconvenientes.

Un chal, saco o mochila portabebés es lo más práctico. Le deja las dos manos libres y no tiene que empujar nada.

Cochecito de bebé

La compra de un buen cochecito es siempre recomendable, sobre todo si se tiene en cuenta que casi todos ellos son convertibles, es decir, se usan como coche, capazo o silla de paseo, todo en uno.

- Asegúrese de que la altura del manillar sea la adecuada para la altura de los mayores. Si entre los padres hay una diferen-

LA COMODIDAD
y la seguridad del niño son los factores más importantes al elegir el cochecito y la silla para el coche.

cia de estatura notable, debe comprarse un cochecito cuya altura se pueda regular.

- Asegúrese de que el espacio donde se acuesta al niño sea amplio; en invierno lleva mucha ropa de abrigo y necesitará más. Cuando crezca también necesitará más espacio. Debe tener un colchoncito en condiciones y no solamente un cartón duro; el niño podría enfriarse y para su espalda tampoco es conveniente.

- Los cochecitos suelen ser bastante grandes. Infórmese de las medidas exactas del modelo que vaya a comprar y pruebe, antes de comprarlo, que una vez plegado quepa en el maletero del coche.

- Si vive en el campo o piensa llevar al niño a pasear por terreno desigual, necesita un modelo con buena amortiguación, ruedas grandes que se puedan fijar y espacio suficiente entre el suelo y, si la tiene, la bandeja inferior.

- Piense también en ciertos accesorios, como la funda impermeable del coche, la sombrilla desmontable, la cesta de la compra y la bandeja.

- Si el cochecito es para utilizarlo en ciudad, puede comprar un modelo algo más ligero, con ruedas que giren sobre su eje de forma independiente. Las ruedas pueden ser dobles.

Sillas de paseo

De estas sillas prácticas y manejables hay modelos muy variados que satisfacen las más diversas exigencias. Es importante que sean ligeras, estables y seguras, que el respaldo tenga varias posiciones para reclinarlo y que los cinturones sean resistentes para que el niño no se caiga cuando intente deshacerse de ellos.

Distintos modelos de sillas de paseo

- Modelo para la ciudad:
  Ruedas pequeñas con ejes independientes; las medidas deben ser apropiadas para poder pasar por los estrechos pasillos del supermercado.
- Modelo todo terreno:
  Ruedas muy grandes con perfil, capota y estructura muy liviana.
- Modelo deportivo:
  Con tres ruedas, estructura muy estable de aluminio, buena amortiguación, capota corrediza, arnés de cinco puntos.

LA FORMA DEL COCHECITO
debe adaptarse a la evolución
del cuerpo del bebé.

Un cochecito para cada edad

En los primeros cuatro meses, el recién nacido debe estar prefe-
rentemente acostado; los huesos y la columna se pueden defor-
mar fácilmente en esa fase. Por eso al principio es aconsejable un
cochecito. A partir del quinto mes es posible sentar al niño echa-
do hacia atrás aunque no mucho tiempo seguido para evitar da-
ños en la columna. Después del séptimo u octavo mes se puede
utilizar la silla de paseo.

Sillas para el automóvil

También en sillas para el automóvil hay una amplia gama de modelos, pero deben cumplir criterios muy especiales que garanticen la seguridad del bebé en caso de accidente. La seguridad de los diversos modelos se somete a pruebas con regularidad y muchos no las superan.

A continuación les indicamos lo que hay que tener en cuenta para saber si una silla es buena y segura, y qué modelos están homologados para las diferentes edades o los diferentes pesos.

En general se distinguen cuatro dispositivos de seguridad distintos: las sillas cesta y las sillas a contramarcha, que se montan en sentido contrario a la marcha, para bebés de hasta 13 kg de peso. También hay sillas orientadas hacia delante con cojines o asientos altos que se ajustan con el cinturón del automóvil.

Para los primeros años sólo caben dos sistemas. Cuál de ellos es el adecuado para su bebé dependerá de su peso. Según este criterio, los dispositivos de sujeción están divididos en grupos:

- En el grupo 0, para bebés de hasta nueve meses o 10 kg de peso, hay dos opciones: la silla cesta de seguridad o la silla a contramarcha. Con ninguna de estas sillas debe llevar al niño en el asiento delantero si éste dispone de airbag. Tienen que ir en el asiento trasero.
- Las sillas del grupo 1 son para niños de 10 a 18 kg, que corresponde, aproximadamente, desde la edad de nueve meses

LAS SILLITAS PARA EL COCHE
deben ser, ante todo, seguras.

Aparte de la edad, el peso y el tamaño, hay que tener en cuenta otros criterios:

1   La silla de seguridad debe estar homologada de acuerdo con la normativa vigente europea ECE R 44. La versión actual E4 garantiza a los padres que la silla está homologada con las técnicas estándar de seguridad más actualizadas.

2   Las sillas con un sistema de anclaje sencillo tienen una gran ventaja: los expertos han constatado repetidas veces que las lesiones sufridas por los niños en caso de accidente se deben, con frecuencia, a un fallo en la manipulación de los dispositivos de seguridad.

3   El niño ha de seguir estando cómodo una vez que se le ha abrochado correctamente el cinturón. Por eso es conveniente probar la silla antes de comprarla y ver si la espalda del bebé queda en la posición correcta.

4   Las sillas que se coloquen en el sentido de la marcha deben llevar protectores laterales.

Si la silla no tiene un cabezal apropiado, se aconseja poner un reposacabezas adicional de modo que, si el niño se duerme, no corra peligro de inclinarse hacia un lado. También es recomendable poner quitasoles en las ventanillas.

hasta los cuatro años. Están orientados de frente y se aseguran con los cinturones del automóvil.

■   Las sillas del grupo 2 están indicadas para niños de tres a seis años o 15 a 25 kg de peso.

■   Los cojines que aumentan la altura del asiento pertenecen al grupo 3, para niños de seis a doce años o 22 a 36 kg de peso. Se ponen en el asiento trasero.

LA SILLA CESTA DE SEGURIDAD es la más adecuada para bebés de nueve meses o 10 kilos de peso.

Las sillas que pueden acoplarse a los grupos 1, 2 y 3 que, a largo plazo, resultan también más económicas, tienen cada vez más aceptación. Crecen con el niño y son igual de seguras que los modelos extra.

Otros títulos de esta colección